Knaur

Über den Autor:

Robin Temple ist Berater und Lehrer im Bereich der Legastheniebehandlung und erforscht seit vielen Jahren alternative Heilmethoden der Lernschwäche. Er veranstaltet Workshops und hält Vorlesungen, wobei sein therapeutischer Ansatz vor allem auf der Ron-Davis-Methode beruht.

Robin Temple

Legasthenie und Begabung

Ronald D. Davis und traditionelle Methoden. Ein Vergleich

Aus dem Englischen von
Marita Böhm

Knaur

Besuchen Sie uns im Internet:
www.knaur.de

Vollständige Taschenbuchausgabe 2001
Droemersche Verlagsanstalt Th. Knaur Nachf., München

Originalverlag: Element Books
Originaltitel: Your Child Dylexia. Practical and Easy-to-Follow Advice.

Umschlaggestaltung: ZERO Werbeagentur, München
Umschlagabbildung: Zefa, Düsseldorf
Druck und Bindung: Nørhaven A/S
Printed in Denmark
ISBN 3-426-77510-7

1 2 3 4 5

Inhalt

Vorwort

Daß Sie dieses Buch in der Hand halten und diese Worte lesen ist ein Ausdruck Ihres Interesses an Legasthenie. Dies mag lediglich Neugierde über ein Thema sein, von dem Sie gehört haben, das aber Fragen hinterließ; oder aber es könnte der intensive Wunsch sein, eine Lösung für ein Lernproblem zu finden bei jemandem, der Ihnen am Herzen liegt. Was auch immer Ihre Motivation ist, es hat Sie zu diesem Buch von Robin Temple geführt.

Der erste Eindruck, den ich von Robin Temple gewinnen konnte, war, als er neben seiner Frau Siegerdina Mandem auf dem Gleis im Bahnhof von Roermond in Holland stand, die Menschenmenge forschend beobachtete, weil er jemanden suchte, den er noch nie gesehen hatte. Ein Blickkontakt reichte aus, um uns sofort zu erkennen, und die Begrüßung war entsprechend herzlich. Am Abend hatten wir bereits das Gefühl, als würden wir uns seit Jahren kennen. Im Laufe der folgenden Woche reisten wir gemeinsam durch mehrere holländische Städte, da ich mich zu Lesungen und Interviews über das Davis-Modell zur Behebung von Legasthenie bereit erklärt hatte. Immer in der Nähe war Robin Temple, aufmerksam zuhörend und alles speichernd, was ich sagte.

Einige Wochen später waren meine Frau und ich in Bremen, um den ersten europäischen Workshop über die Davis-Methode zu präsentieren. Wieder begegnete ich Robin und seiner Frau.

Was wir beide zu diesem Zeitpunkt noch nicht wußten – war, daß Robin gerade das Übungsprogramm begonnen hatte, welches direkt zu diesem Buch führen sollte.

Mittlerweile ist Robin Temple einer der bestausgebildeten Berater für das Davis-Modell und seine Methoden in der Überwindung der Lernbehinderung Legasthenie.

Was auch immer Ihr Interesse an Legasthenie ist, auf den folgenden Seiten werden Sie eine Zusammenfassung ihrer Geschichte und Behandlung finden. Robin Temple führt durch das vielschichtige und komplexe Labyrinth der traditionellen Theorien, um dann die Tür zu einem neuen Verständnis über die Lernbehinderung aufzustoßen, weil es die Perspektive von legasthenischen Kindern berücksichtigt und damit zur wahren Natur von Legasthenie vordringt. Und, was noch wichtiger ist, in diesem Buch werden Sie das finden, wonach Sie suchen: durchdachte Antworten, echtes Verstehen des Problems und eine realistische Lösung.

Ronald D. Davis

Einführung

Als James an einem Davis-Trainingsprogramm zur Überwindung seiner Leserechtschreibschwäche teilnahm, war er neun Jahre alt, haßte die Schule und weinte jeden Morgen, bevor er von zu Hause wegging. Sein schlimmstes Problem war seine Handschrift. Sie war so schlecht, daß er überhaupt nichts mehr schreiben wollte. Er war über seine Schreibunfähigkeit so frustriert, daß er starke Krämpfe in der Hand und im Arm bis in die Schulter hinauf bekam. Wenn er aufgefordert wurde, etwas zu schreiben, war er immer sehr geschickt darin, die Aufmerksamkeit auf etwas anderes zu lenken, um ja nicht schreiben zu müssen. Tatsächlich war James derart entmutigt und niedergeschlagen, daß er bei jeder Aufforderung, eine Aufgabe zu erledigen, die Standardantwort parat hatte: »O nein! Vergessen Sie es! Ich kann das nicht!« Heute geht er gern in die Schule; er schreibt gut, und seine Hand und sein Arm verkrampfen sich nicht mehr.

Michael war 10 Jahre alt, als er an einem einwöchigen Programm in einem Davis-Zentrum teilnahm. Er war gekommen, weil seine Eltern sich keinen Rat mehr wußten, wie sie mit ihm umgehen sollten. In der Schule war er mit dem Lesen und in anderen Fächern weit zurück, und zu Hause fiel es schwer, ihn zu kontrollieren. Er wollte alles selbst unter Kontrolle haben. Wenn man ihn aufforderte, etwas Bestimmtes zu machen, tat er genau das Gegenteil. Der Berater, der mit Michael arbeitete, kam eines Tages mit einer Schachtel Knete für die Symbolbeherrschung (siehe Seiten 136–139) ins Zimmer und erklärte munter: »Wir müssen aufpassen, daß die Knete nicht auf den Teppich fällt, weil man sie nur sehr schwer entfernen kann.« Zwei Minuten später sprang Michael triumphierend auf der Schachtel mit der Knete herum, die schon bald auf dem Teppich lag. Die Arbeit mit Michael gestaltete sich so schwierig, daß es einmal sogar schien, als wäre er nicht in der Lage, das fünftägige Programm abzuschließen. Aber er schaffte es.

Seinen Eltern fielen bald alle möglichen Veränderungen auf. Michael hatte das Schreiben gehaßt, aber auf einmal schrieb er seiner Mutter kleine Zettel, um ihr mitzuteilen, wann er von der Schule zurück sei.

Früher war er nie pünktlich gewesen, egal, um was es ging, aber jetzt erschien er rechtzeitig zum Essen.

Das beste von allem war für Michaels Eltern, daß sie endlich ein normales Gespräch mit ihm führen konnten. Er konnte ruhig dasitzen und zuhören, etwas, wozu er zuvor außerstande gewesen war.

Und obendrein hat er in den vergangenen zwei Jahren den Unterrichtsstoff vollständig aufgeholt und vermag jetzt mit seinen Freunden Schritt zu halten.

Im Leben dieser beiden Jungen und ihrer Eltern und Geschwister hatte etwas Tiefgreifendes stattgefunden. Die Symptome der Legasthenie, die ihnen das Leben zur Hölle gemacht hatten, waren verschwunden, und zurückgeblieben waren glückliche und kreative Kinder.

Dieses Buch handelt von einem neuen Weg zum Verständnis und zur Behandlung von Legasthenie, die Veränderungen wie bei Michael und James bewirken kann. Diese beiden Jungen sind keineswegs besondere oder einzigartige Fälle. Tausende von Kindern und Erwachsenen waren in der Lage, Behinderungen im Lernen und im Leben hinter sich zu lassen, Behinderungen, die ihnen und ihren Familien Probleme bereitet hatten. Michaels und James' Symptome waren vielleicht gravierender als diejenigen, an denen Ihr Kind möglicherweise leidet. Daher scheinen die bei ihnen eingetretenen Veränderungen äußerst dramatisch zu sein. Aber für die Eltern dieser beiden Jungen waren diese Verhaltensänderungen nicht das Wichtigste. Natürlich macht es sehr viel aus, daß Michael und James jetzt glücklich und unbeschwert in die Schule gehen können, aber ihre Eltern waren am dankbarsten dafür, daß sie endlich die Söhne gefunden hatten, von denen sie immer wußten, daß sie nur durch ihre Probleme verdeckt waren.

Bei ihren Kindern hatte sich im Grunde nichts wesentliches verändert. Nur, daß diese Jungen nun fähig waren, die Beeinträchtigungen und Hindernisse, die sie vorher vom Lernen abgehalten hatten, aus dem Weg zu räumen. Das ging ganz langsam im Laufe der Zeit vor sich. Nach und nach gewannen die Jungen an Selbstvertrauen, während sie erforschten, wie man das, was sie über ihre Legasthenie gelernt hatten, anwendet.

Was hat es also auf sich mit diesem neuen Verständnis von Legasthenie, das solche Veränderungen ermöglichen kann?

1

Was ist Legasthenie?

Ein neues Verständnis

In den vergangenen einhundert Jahren, seit der Begriff »Legasthenie« geprägt wurde, um eine besondere Form von Hirnschaden zu beschreiben, der die Lesefähigkeit beeinträchtigt hat es prinzipiell nur eine einzige These gegeben, was das Lernen für einige Kinder so schwer macht.

Heute geht man im allgemeinen davon aus, daß Kinder, die Probleme mit solchen Fertigkeiten wie Lesen, Rechtschreibung, Verstehen verbaler Anweisungen und Organisieren von Gedanken haben und die beispielsweise Buchstaben und Zahlen vertauschen, an einer Form von Legasthenie leiden. Die Legasthenie dient zur Erklärung der Schwierigkeiten, die diese Kinder beim Lernen in der Schule und bei der Bewältigung des Lebens haben.

Weiterhin wird angenommen, daß die Legastheniesymptome durch eine Mißbildung oder Funktionsstörung des Gehirns verursacht werden. Viele Theorien versuchen zu erklären, warum das Gehirn eines legasthenischen Kindes nicht normal funktioniert. Aber über die Ursache der Legasthenie wurde keine einzige definitive Schlußfolgerung gezogen. Es herrscht jedoch allgemeine Übereinstimmung darüber, daß es sehr schwierig und manchmal sogar unmöglich ist, einem legasthenischen Kind zu helfen. Ferner wird weithin akzeptiert, daß Legasthenie nicht heilbar ist, das Kind also lernen muß, den Rest seines Lebens damit umzugehen.

Heute stehen viele Möglichkeiten zur Verfügung, um Legasthenikerinnen und Legasthenikern zu helfen, mit bestimmten Lernschwierigkeiten fertigzuwerden und sie auszugleichen, aber die Vorstellung, daß die legasthenischen Symptome eines Kindes völlig behoben werden können, ist ganz neu und fast jedem, der in diesem Bereich tätig ist, fremd. Zum Glück für alle legasthenischen Kinder, ihre Eltern und Lehrer, kann man nun feststellen, daß Legasthenie einfach, effektiv und dauerhaft korrigierbar ist. Dies ist nicht nur eine Hypothese, sondern eine Tatsache, die durch die persönliche Erfahrung von Tausenden von früheren Betroffenen bestätigt wurde.

Jeder Vorschlag, der den allgemein akzeptierten Theorien und dem Verständnis von einem Gebiet widerspricht, muß geprüft und bewiesen werden, bevor er voll akzeptiert und Teil unseres Denkens wird. Dieser Prozeß findet gerade auf dem Gebiet der Legasthenie statt.

Das Etikett »Legasthenie«

Vor ungefähr 15 Jahren entdeckte der Ingenieur und Bildhauer Ronald D. Davis etwas über seine Legasthenie, das nicht mit dem Bild übereinstimmte, das er durch seinen Arzt vermittelt bekommen hatte: Er bemerkte, daß die Legasthenie, die er haben sollte und die angeblich durch einen Hirnschaden verursacht war, nicht mit der Legasthenie übereinstimmte, die er bei sich *sah*.

Als er eines Tages an einer Skulptur arbeitete, fiel ihm auf einmal auf, wie seine legasthenischen Symptome sich vor seinen Augen veränderten. Was er sah, stimmte nicht mit der Vorstellung überein, die man ihm vermittelt hatte. Man hatte ihm immer wieder gesagt, daß Legasthenie gleichbedeutend mit Gehirnschaden sei. Wie viele Legastheniker war auch Ronald sehr neugierig. Die Unstimmigkeit zwischen seiner eigenen Erfahrung von Legasthenie und der Erklärung, die man ihm gegeben hatte, veranlaßte ihn, auf dem Gebiet der Lernbehinderungen weiter zu forschen. Was er herausfand, änderte vollkommen das Verständnis von Legasthenie.

Im großen und ganzen sind die meisten Eltern irgendwie unzufrieden damit, wie ihnen die Legasthenie ihres Kindes erklärt wird. Eltern, die mit ihren Kindern das Davis Dyslexia Correction Centre aufsuchen, drücken oft ihr Gefühl aus, daß die Legasthenie-Tests und -Gutachten, die ihnen vorliegen, Mängel aufweisen. Aus den Tests geht nur hervor, was mit ihrem Kind nicht stimmt, und es wird überhaupt nichts darüber gesagt, was in Ordnung ist. Diese Eltern erleben ihre Kinder nicht als dumm, faul oder unfähig. Sie sehen ein Kind, das in einigen Bereichen Schwierigkeiten hat, aber in anderen sehr talentiert ist. »Da steckt noch mehr dahinter!« sagen sie.

Dieses Buch wird bestätigen, daß es tatsächlich »noch mehr zu entdecken« gibt, das helfen kann, die Legasthenie Ihres Kindes verständlich zu machen.

Ein Bedeutungswandel

Der Begriff »Legasthenie« als Fachausdruck wurde vor mehr als 100 Jahren geprägt, um verschiedene Symptome zusammenzufassen, die bei Erwachsenen mit Hirnschäden auftraten.

Wir wissen alle, was geschieht, wenn ein Fachausdruck einmal mit einer bestimmten Bedeutung verbunden wird. Weil wir es die meiste Zeit so eilig haben und dabei an so viele Dinge denken müssen, gewöhnen wir uns an, kaum mehr die Inhalte zu hinterfragen. Es kann sein, daß wir schließlich nicht mehr verstehen, um was es eigentlich geht. Auch wenn wir vielleicht die richtigen Fachausdrücke verwenden, können sich ihre Bedeutungen geändert haben, ohne daß es uns klar geworden ist. Folglich entspricht unser Verständnis nicht mehr den Tatsachen. Genau das ist im Laufe der Jahre mit dem Begriff Legasthenie passiert.

Legasthenie bedeutete ursprünglich durch Gehirnschäden verursachte Lesestörungen bei *Erwachsenen* – ein präziser, einfacher und klarer Ausdruck. Aber dann wurde er auf *Kinder* angewendet, die eine Leseschwäche an den Tag legten. Wenn man einen Fachausdruck anwendet, kommen die mit ihm verbundenen Bedeutungen zum Tragen. Die mit »Legasthenie« einhergehende Bedeutung bezieht sich auf Schäden oder Funktionsstörungen des Gehirns, das heißt, die Kinder konnten nicht lesen, weil sie einen Hirnschaden hatten. Auch wenn bei diesen Kindern keine derartige Vorgeschichte vorlag, gab der Ausdruck zu verstehen, daß es sie geben *mußte*, weil die Symptome dem Ausdruck entsprachen. Weil Gehirnschädigungen sehr schwer zu erkennen und zu diagnostizieren sind und es Ärzte waren, die an der Vergabe dieser Benennung beteiligt waren, fühlte sich niemand sonst imstande oder bereit, ihre Diagnosen in Frage zu stellen.

Inzwischen gilt es als erwiesen, daß bei den meisten leseschwachen Kindern keine Funktionsstörung des Gehirns vorliegt. Es gibt einen anderen Grund, warum sie legasthenisch sind – und genau diesen Grund hat Ronald Davis entdeckt. Es gelang ihm, das »Etikett« der Legasthenie, das man ihm aufgeklebt hatte, loszuwerden. Er durchschaute das, was ihm gesagt worden war. Er fand heraus, daß seine Lesestörung nicht die Folge eines fehlerhaft funktionierenden Gehirns war.

Über die Jahre hinweg wurde versucht, den Ausdruck Legasthenie auf immer mehr Symptome anzuwenden. Inzwischen hat sich die Situation derart zugespitzt, daß einige sogar vorschlagen, diesen Begriff ganz und gar zu verwerfen, weil er so weit gedehnt wurde, daß er viel von seiner Nützlichkeit verloren hat.

Den Bemühungen von Ronald Davis und seinem Forscherteam lag die Absicht zugrunde, eine Definition zu finden, die all den vielen verschiedenen Symptomen gerecht sein würde, die er bei den Legasthenikerinnen und Legasthenikern fand, die ihn in seinem Reading Research Council Centre aufsuchten. Zum Glück für uns alle war er erfolgreich. Nach drei Jahren und zahlreichen Experimenten war das Forscherteam schließlich in der Lage, ein klares Bild von den Ursachen vieler Lernbehinderungen auszuarbeiten.

Immer mehr Legastheniker hören von diesem neuartigen Legasthenieverständnis. Sie sind sehr glücklich und erleichtert, daß endlich jemand über Legasthenie auf eine Weise spricht, mit der sie etwas anfangen können.

Die zwei Legasthenie-Modelle

Zur Zeit existieren zwei unterschiedliche Erklärungsmodelle zur Ursache und Behandlung von Legasthenie. Das vor über 100 Jahren aufgestellte Legasthenie-Modell, das auf der Annahme basiert, daß die Symptome von einer Fehlbildung oder Funktionsstörung des Gehirns herrühren, ist bis zum heutigen Tag die akzeptierte Betrachtungsweise der Legasthenie. Dieses konventionelle Modell, wie ich es nenne, wird im folgenden Kapitel behandelt. Den von Ronald Davis in den vergangenen 15 Jahren entwickelten neuen Ansatz, das sogenannte Davis-Modell, stelle ich in Kapitel 3 vor.

2

Das konventionelle Modell

Definitionen und Theorien

Frühe Definitionen von Legasthenie

Der Begriff »Legasthenie« wurde 1887 von Dr. Rudolf Berlin geprägt. Legasthenie wurde als ein Zustand verstanden, der sich entwickelt, und nicht als etwas, womit man geboren wird. Dr. Rudolf Berlin legte nahe, daß die Leseunfähigkeit nicht auf eine Gehirnverletzung, sondern auf eine »zerebrale Erkrankung« zurückzuführen sei. Dr. J. Hinshelwood wies darauf hin, daß Legasthenie von der »Unterentwicklung des *Gyrus angularis*« herrührte, und der amerikanische Arzt Samuel Orton ging noch weiter und vertrat die Meinung, daß es sich bei der Legasthenie um eine Entwicklungsstörung zusammen mit umweltbezogenen Faktoren handelte, die nicht gänzlich angeboren seien oder von Eltern an Kinder weitergegeben würden.

Die Begriffe, die Sie in Zusammenhang mit der Legasthenie am häufigsten hören – abgesehen von den sehr allgemeinen Wörtern »Lernbehinderung« oder »Lernschwierigkeiten«, die oft anstatt »Legasthenie« verwendet werden – sind »Aphasie« und »Wortblindheit«.

Aphasie

Das war der allererste Ausdruck, der in Zusammenhang mit Legasthenie verwendet wurde, die ursprünglich als eine Form von Aphasie definiert wurde. Aphasie wird folgendermaßen definiert: »Infolge einer Gehirnverletzung auftretender Verlust oder Beeinträchtigung der Fähigkeit, Wörter zu verwenden oder zu verstehen.« Genaugenommen unterscheidet man vier Arten von Aphasie:

- Sensorische Aphasie – Schwierigkeit, gesprochene Sprache zu verstehen
- Motorische Aphasie – Schwierigkeit, sich sprachlich auszudrücken
- Alexie – Leseschwäche
- Agraphie – Schreibschwäche

Als der Begriff Legasthenie eingeführt wurde, wurde er im allgemeinen der Aphasie als eine Form von Alexie zugeordnet.

Wortblindheit

Dieser Ausdruck wurde 1877 von Adolph Kussmaul geprägt. Obwohl man dachte, daß Wortblindheit durch Gehirnverletzungen verursacht wird, wurde der Begriff ebenfalls in Zusammenhang mit Patienten angewendet, deren Seh- und Sprechfähigkeiten und Intelligenz intakt waren, die aber außerstande waren, ihnen bereits bekannte Wörter wiederzuerkennen. Man schlug vor, den *Gyrus angularis*, die Sprachregion im Gehirn, als den für die Wortblindheit verantwortlichen Teil des Gehirns zu lokalisieren.

1896 berichtete Dr. W. Pringle Morgan in England den ersten Fall von angeborener Wortblindheit bei einem Kind.

Eine andere mögliche »Ursache«

Offensichtlich existierten die Probleme der Legasthenie bereits, bevor Wissenschaftler und Ärzte sie bei ihren Patienten beschrieben. Doch wurden sie zunächst mehr als obskurer Zustand verstanden, über den die medizinischen Zeitschriften berichteten.

Um die Jahrhundertwende begann man in den USA und in vielen europäischen Ländern eine Politik der »universellen Alphabetisierung« zu projagieren. Die Regierungen waren zu der Ansicht gekommen, daß allen Kindern das Lesen beigebracht werden sollte und es nützlich sei, wenn alle Mitglieder der Gesellschaft lesen und schreiben könnten. Bevor diese Entscheidung getroffen wurde, hatte man Analphabeten nicht als ein Problem angesehen. Als die Fähigkeit zu lesen und zu schreiben zur neuen Norm erklärt wurde, entstand dadurch zwangsläufig eine neue Kategorie von Bürgern – diejenigen, die nicht lesen konnten oder die große Schwierigkeiten beim Lesen hatten. Diese Menschen galten als weniger wert innerhalb der Gesellschaft. Die Normen der nicht-legasthenischen Welt wurden als allgemeingültige Normen angenommen. Diejenigen, die sich unbehaglich dabei fühlten, in der nicht-legasthenischen Welt zu funktionieren, wurden zwangsläufig benachteiligt.

Das Bildungssystem wurde um die nicht-legasthenischen Normen herum angelegt. Für diejenigen, die mit diesem System nicht ohne weiteres zurechtkamen, waren die Etiketten »Legasthenie« und »lernbehindert« bequemerweise zur Hand.

Seit diesen sehr frühen Versuchen, die Symptome der Legasthenie auf eine Ursache zurückzuführen, wurde viel Forschung betrieben, um die verschiedenen Hypothesen zu prüfen und zu beweisen. Bis heute ist es nicht gelungen, einen schlüssigen Beweis zu erbringen.

Der aktuelle Stand der Forschung

Gegenwärtig konzentriert sich die Legasthenieforschung auf vier Schlüsselbereiche. Man will:

1. *den Beweis liefern, daß die Gehirnstruktur bei Legasthenikern anders ist als bei Nicht-Legasthenikern.* Verschiedene Teile des Gehirns werden untersucht, um herauszufinden, ob signifikante Unterschiede zwischen Legasthenikern und Nicht-Legasthenikern vorliegen. Falls Unterschiede festgestellt werden, muß ermittelt werden, ob sie die *Ursache* oder die *Folge* von Legasthenie sind.
2. *ein Legasthenie verursachendes Gen finden.* Wenn ein solches Gen gefunden wird, könnte man vorhersagen, ob ein Kind Lernschwierigkeiten haben wird. Mehrere Forschungslabors behaupten, eben dieses Gen gefunden zu haben, aber leider hält jedes Labor ein anderes Gen für verantwortlich.
3. *die Genauigkeit verschiedener Erklärungsmodelle der Legasthenie miteinander vergleichen.* Dieser Forschungsbereich setzt sich mit den verschiedenen Behandlungsmethoden für lernbehinderte Kinder auseinander. Es werden Angaben aus Tests gesammelt, die auf unterschiedlichen Modellen von der Funktionsweise der Legasthenie fußen. Diese werden miteinander verglichen, um die Effektivität und Genauigkeit jedes Modells zu ermitteln. Das Problem mit dieser Art Forschung ist, daß es sehr schwierig ist, einen allgemeinen Maßstab zu finden, nach dem verschiedene Behandlungsformen zu beurteilen sind.

4. *erklären, wie Legastheniker sich von Nicht-Legasthenikern in Hinblick auf die Informationsverarbeitung im Gehirn unterscheiden.* Viele verschiedene Theorien und Modelle versuchen die komplexen Vorgänge zu erklären, die vor sich gehen, wenn ein Kind liest. Es herrscht jedoch keine Übereinstimmung darüber, welche Teile des Prozesses fehlerhaft sind. Möglicherweise ist der fragliche Teil des Prozesses nicht bei allen legasthenischen Kinder der gleiche, so daß viele Gründe für die gleichen Symptome vorliegen können.

Der Zusammenhang zwischen Ursachen und Symptomen

Der Zusammenhang zwischen den Legastheniesymptomen und den möglichen Ursachen ist sehr schwer nachzuweisen. Jedes legasthenische Kind weist einen unterschiedlichen Symptomkomplex auf, der sich von jeder beliebigen Kombination von Ursachen ableiten lassen könnte. Das einzig Brauchbare, was gesagt werden kann, ist folgendes:

- Die Symptome sind Beschreibungen einer Störung in der Art und Weise, wie ein Kind Informationen verarbeitet und wiedergibt.
- Wo, wann und wie diese Störung vor sich geht, kann manchmal beschrieben werden, aber es gibt genügend Abweichungen, die darauf schließen lassen, daß mehr als eine Ursache am Werke sein kann.
- Man weiß noch nicht genug über die komplexen Vorgänge, die mit dem Empfangen, Verarbeiten und Erzeugen von Informationen verbunden sind, um irgendeine Ursache präzise beschreiben zu können.

Diagnose

Planung

Wenn Sie beschließen, Ihr Kind auf Legasthenie untersuchen zu lassen, sollten Sie sich am besten zuerst einen Plan machen. Dieser umfaßt zwei Schritte:

1. Machen Sie eine Bestandsaufnahme: Werden Sie sich klar darüber, wo Sie und Ihr Kind augenblicklich stehen.
2. Entscheiden Sie, was Sie erreichen wollen: Werden Sie sich klar darüber, wohin Sie und Ihr Kind gehen wollen, und finden Sie die Richtung und die Schritte, die erforderlich sind, um dorthin zu kommen.

Eine Bestandsaufnahme machen

Die folgenden Informationen/Unterlagen werden Ihnen helfen, ein klares Bild von der gegenwärtigen Situation Ihres Kindes zu gewinnen.

- das Alter Ihres Kindes
- die Symptome, die Sie bei Ihrem Kind beobachten können
- Schulzeugnisse (wo verfügbar) über die Leistungen Ihres Kindes
- eine Darstellung seines schulischen Werdegangs (bei älteren Kindern)
- jegliche Veränderungen in den Familienverhältnissen
- Einzelheiten und Ergebnisse von Tests, die speziell wegen Legasthenie durchgeführt worden sind
- Einzelheiten und Ergebnisse anderer medizinischer oder pädagogischer Untersuchungen
- Einzelheiten und Ergebnisse von Therapien, denen sich Ihr Kind wegen Legasthenie oder einer anderen Beschwerde unterzogen hat oder unterzieht

Entscheiden, was Sie erreichen wollen

Diese Entscheidung wird auf dem Bild basieren, das Sie von der gegenwärtigen Situation Ihres Kindes anhand der oben angeführten Liste gewinnen und darauf, was Sie über Test- und Therapiemöglichkeiten für Ihr Kind herausfinden können.

1. Arrangieren Sie solche Tests für Ihr Kind, die das Ausmaß der Behinderung so präzise wie möglich feststellen können – sowohl die beeinträchtigten Bereiche als auch den Grad, in dem die Behinderung diese Bereiche beeinträchtigt.
2. Finden Sie anhand der Testergebnisse heraus, welche Therapiemöglichkeiten bei Legasthenie für Ihr Kind verfügbar sind. Erwägen Sie die folgenden Faktoren:

- Prognosen für die Behebung der Behinderung
- jegliche Gefühle, die Ihr Kind hinsichtlich der Therapien ausdrückt
- Therapiekosten sowohl in bezug auf die Zeit als auch in bezug auf die finanziellen Mittel, die investiert werden müssen
- Qualifikation von Therapeuten, die Behandlung anbieten
- praktische Durchführbarkeit einer Behandlung, d. h. inwieweit eine Behandlung mit anderen Verpflichtungen des Kindes harmoniert
- Folgen, die dieses Behandlungsprogramm für Sie als Eltern und andere Familienmitglieder haben wird

3. Erklären Sie Ihrem Kind, was vor sich geht und welche Pläne Sie für es haben. Erläutern Sie diese Pläne so, daß sich Ihr Kind einbezogen fühlen kann. Wählen Sie eine Therapieform, der Ihr Kind auch positiv und kooperativ gegenübersteht. Vermeiden Sie es, einem widerwilligen Kind eine Behandlungsmethode aufzuzwingen.

Informelles Testen

Alle Eltern testen ihre Kinder jeden Tag automatisch und »informell«. Es ist nur natürlich, daß Eltern ihr Kind mit seinen Geschwistern und den Kindern von Verwandten und Freunden vergleichen. Falls man herausfinden will, ob Legasthenie bei einem Kind vorliegt, ist dieses informelle »Testen« tatsächlich die erste Untersuchung. Den Eltern fallen vielleicht zuerst Unterschiede auf – besonders wenn diese sich vor der Einschulung des Kindes zeigen. Sobald es in die Schule geht, kann der Fall umgekehrt liegen. Die Lehrerin oder der Lehrer bemerkt vielleicht zuerst etwas und setzt die Eltern über ein mögliches Problem in Kenntnis.

Der erste und einfachste Schritt in diesem Prozeß besteht darin, Ihre selbstverständlichen alltäglichen Beobachtungen des Verhaltens Ihres Kindes und seiner Interaktionen mit Ihnen und anderen Kindern und Erwachsenen aufzuzeichnen.

Zeichen, auf die Sie achten sollten

Auch wenn Ihr Kind für die Schule noch zu jung ist, können Sie Anzeichen erkennen, die Ihnen zum Bewußtsein bringen, daß es in der Schule Probleme bekommen kann. Die im folgenden aufgeführten Auffälligkeiten sind einer hervorragenden Liste entnommen, die die Britische Legastheniker-Vereinigung (British Dyslexia Association) für Eltern zusammengestellt hat.

Natürlich werden alle Kinder irgendwann einige dieser Auffälligkeiten an den Tag legen. Sie sollten daher unbedingt darauf achten, ob irgendwelche dieser Verhaltensweisen anfangen, hartnäckig und ständig aufzutreten.

- das Kind beginnt auffällig spät deutlich zu sprechen
- es verwechselt Laute, z. B. b-d, m-n, b-p, »Tulbe« statt »Tulpe«
- es ist ein schneller »Denker« und »Macher«
- es verwendet Ersatzwörter oder »knappe Fehltreffer«
- es bezeichnet Dinge falsch, z. B. »Laterne« statt »Lampe«
- es lispelt und verschluckt Endsilben
- es kann sich nicht an ihm bekannte Begriffe erinnern, z. B. Farben
- es verwechselt Richtungswörter, z. B. »oben/unten« oder »innen/außen«
- es stolpert ständig, stößt überall an, fällt beim Laufen häufig hin
- es ist überdurchschnittlich kreativ, gut im Malen und hat gutes Farbengefühl
- es hat ohne ersichtlichen Grund auffällig »gute« und »schlechte« Tage

- es interessiert sich besonders für technisches Spielzeug, z. B. Bauklötze, Puzzles, Lego-Steine, Fernbedienung von Fernsehern und Videogeräten, Computertastaturen
- es läßt sich gern vorlesen, zeigt aber kein Interesse für Buchstaben oder Wörter
- es kann sich Kinderlieder nur schwer einprägen
- es hat Schwierigkeiten mit Reimwörtern, z. B. Hose-Lose-Rose
- es kann Reimwörter nicht erkennen und nicht finden, z. B. Hose, Jacke, Rose
- es krabbelt nicht, sondern robbt nur
- es hat Schwierigkeiten mit Wortfolgen, z. B. »bunte Perlenreihe«
- es wirkt aufgeweckt – scheint ein Rätsel zu sein
- es zeigt keine besondere Vorliebe für die linke oder rechte Hand
- es ist unfähig, seriellen Anweisungen zu folgen
- es ist nicht aufmerksam
- es kann nicht still sitzen
- es stört andere
- es wird leicht gereizt und frustriert
- es ist störrisch
- es schließt Aufgaben nicht ab
- es ist unreif
- es spielt Ideen durch, anstatt Wörter zu benutzen

Formelles Testen

Es wird nötig, nach Hilfe zu suchen

Bevor ein Kind eingeschult wird, werden die Symptome einer Lernbehinderung nicht in Form eines Tests meßbar sein, weil es für das Vorschulkind keine Maßstäbe gibt, an denen mangelnde Fähigkeiten zu messen sind.

Darüber hinaus ist es eine Tatsache, daß Kinder sich in sehr unterschiedlichem Tempo entwickeln. Einige laufen, bevor sie krabbeln können, während andere sehr spät beweglich werden. Das gleiche kann auch auf die Sprachentwicklung zutreffen – ein Kind redet vielleicht extrem früh in ganzen Sätzen, und ein anderes wird sehr spät anfangen, klare Laute hervorzubringen und mit Wörtern zu kommunizieren.

Sobald Kinder in die Schule gehen, wird von ihnen erwartet, einem normalen Entwicklungslauf im Rahmen akzeptabler Grenzen zu folgen. Wenn ein Kind anfängt, hinter diese Norm zurückzufallen, werden entweder seine Eltern oder sein Lehrer vorschlagen, es auf Lernbehinderung zu testen.

Irgendwann ist ein Zeitpunkt erreicht, zu dem die Abweichung von einer akzeptierten Norm in einem bestimmten Bereich so groß ist, daß weitere Untersuchungen erforderlich sind. Dieser Zeitpunkt ist nicht festgelegt. Er schwankt von Schule zu Schule, und es liegen viele unterschiedliche Meinungen darüber vor, wann er eintritt.

Alle Eltern und viele Lehrer wissen, daß die Entscheidung, ein kleines Kind testen zu lassen, von komplexer Natur ist und nicht leichtfertig getroffen werden sollte. Das Testen läßt oft durchblicken, daß etwas nicht in Ordnung oder anders ist. Einige Eltern und Lehrer werden so lange wie möglich warten, bevor sie ein Kind testen lassen, in der Hoffnung, daß es aufholen und den Unterschied reduzieren wird, den es in bestimmten Bereichen zeigt. Andere Eltern und Lehrer wiederum sind der Meinung, daß ein Kind so früh wie möglich untersucht werden sollte, damit es um so schneller behandelt werden und möglicherweise gravierendere Lernschwierigkeiten in seiner weiteren Ausbildung vermeiden kann.

Das mag für Eltern verwirrend sein, die Rat bei mehr als einer Quelle einholen. Sie können widersprüchliche Empfehlungen darüber erhalten, was für ihr Kind am besten ist. Dadurch, daß sie sich beider Standpunkte bewußt werden, können Eltern ihr eigenes Urteil fällen und zu der richtigen Entscheidung gelangen, wann sie einschreiten und ihr Kind untersuchen lassen oder wann sie eine Behandlung einleiten sollen.

Manchmal empfiehlt der Lehrer vielleicht den Eltern, die ihr Kind testen lassen wollen: »Lassen Sie uns noch ein bißchen warten, um zu sehen, ob Ihr Sohn diese Phase hinter sich bringt und aufholt.« Manchmal wird der Fall umgekehrt liegen und die Schule auf einem Test bestehen, während die Eltern finden, daß es noch nicht an der Zeit ist. In einer solchen Situation geht es immer darum, die Vor- und Nachteile abzuwägen, wenn sie Ihr Kind mit der Welt der Testverfahren und spezieller Fördermaßnahmen bekanntmachen.

Ein Kind als Legastheniker »abstempeln«

Selbst unter Fachleuten herrscht Unstimmigkeit darüber, ob ein Kind getestet und als Legastheniker identifiziert werden soll. Einige argumentieren, daß das Etikett »Legastheniker« gerade das bewirkt, was es verhindern soll, und daß ein Kind, sobald es so diagnostiziert wird, nicht mehr versucht, seine Lernbehinderung zu überwinden, und der Vorstellung unterliegt, als lernbehindert klassifiziert zu sein. Andere vertreten den entgegengesetzten Standpunkt und sagen, daß sich die Lernbehinderung eines legasthenischen Kindes nur noch verstärken wird, wenn es als solches nicht erkannt, aus der normalen Klassenzimmersituation herausgenommen wird und keine besondere Förderung erhält. Es zu unterlassen, die potentielle Legasthenie eines Kindes festzustellen, kann bedeuten, daß es nie eine Chance bekommt, aufzuholen und das angemessene Klassenniveau seiner Altersgruppe wieder zu erreichen.

Worauf basieren die Tests?

Bevor wir auf die Tests eingehen, ist es angebracht, die theoretischen Annahmen zu betrachten, die den Tests zugrunde liegen. Alle fußen auf der folgenden allgemeinen Definition: »Legasthenie ist ein bestimmter Komplex von Symptomen (die unterschiedlich definiert sein können), die von einer oder mehreren verschiedenen Ursachen herrühren.« Das bedeutet, daß die Ergebnisse eines Legasthenietests völlig von der Definition abhängen wird, die dem jeweiligen Test zugrunde gelegt wird.

Was ein Test ausrichten (und nicht ausrichten) kann

Ein Test prüft nur das, wonach er sucht. Das hört sich vielleicht naheliegend (oder seltsam) an, aber es ist ein warnender Hinweis darauf, was für Aussagen Sie von einem Legasthenietest erwarten können.

Alle Legasthenietests sind zwei Hauptbeschränkungen unterworfen. Erstens, wenn ein Test nicht auf bestimmte Legasthenieymptome hin prüft, werden diese Symptome auch nicht in den Testergebnissen in Erscheinung treten, selbst wenn Ihr Kind sie zeigt und Sie als Eltern sehen können, daß sie existieren. Beispielsweise wird ein Test in bezug auf die Lesefähigkeit keine Symptome von Schwierigkeiten mit Mathematik aufdecken. Das führt zu dem Kummer, den einige Eltern empfinden, wenn ihr Kind getestet wird und aus den Ergebnissen hervorgeht, daß es *kein* Legastheniker ist. In dieser Situation waren die Legastheniesymptome, die als Maßstab für die Legasthenie verwendet werden, nicht bei Ihrem Kind vorhanden. Folglich wird dieser bestimmte Test zu dem Schluß kommen, daß Ihr Kind nicht legasthenisch ist. Inzwischen wissen Sie aber nur zu gut, wie sehr Ihr Kind in der Schule zu kämpfen hat.

Zweitens bezieht sich ein Legasthenietest gewöhnlich auf einen bestimmten Symptomkomplex und viel seltener auf eine bestimmte *Ursache* dieser Symptome. Das heißt, auch wenn ein Test bestätigt, daß Ihr Kind Legastheniesymptome aufweist, deutet in den Testergebnissen nichts darauf hin, wie die Ursache dieser Symptome anzugehen ist. Sehr oft müssen weitere Tests durchgeführt werden, um die mögliche Ursache der Symptome ausfindig zu machen.

Wann ist Legasthenie keine Legasthenie?

Wie weiter oben erwähnt, ist die Zahl oder Kombination der Symptome, die zusammengefaßt werden, um auf Legasthenie schließen zu lassen, nicht genormt, sondern hängt von dem angewendeten Test ab. Einige Tests werden sich für eine gewisse Gewichtung von Symptomen entscheiden, während andere vielleicht einen anderen Symptomkomplex oder eine andere Gewichtung derselben Symptome vorziehen. Die Auswertung erfolgt mit Hilfe von Statistiken, um durch Vergleiche Legastheniker von Nicht-Legasthenikern zu trennen. Ein solches Verfahren beschränkt sich nicht nur auf Legasthenietests.

Die meisten dieser Tests werden nach Symptomen suchen, die ein Kind in einer bestimmten kontrollierten Situation produziert. Anhand der Ergebnisse, die zeigen, wie gut das Kind in der Lage ist, den Test zu machen, wird beurteilt, ob es legasthenisch ist oder nicht. Es ist jedoch bekannt, daß legasthenische Kinder sich vor Tests fürchten und unter Testbedingungen weniger gut abschneiden. Das ist ein weiterer Faktor, der berücksichtigt werden sollte, wenn Testergebnisse bei demselben Kind zu schwanken scheinen. Wenn ein Kind den gleichen Test an verschiedenen Tagen durchführt, können die Ergebnisse derart gravierende Schwankungen aufweisen, daß es an einem Tag als Legastheniker diagnostiziert wird und am anderen Tag nicht.

Trotz der oben geschilderten Beschränkungen der Legasthenietests wird Ihr Kind vielleicht offiziell als Legastheniker diagnostiziert, und Tests müssen durchgeführt werden. Im folgenden werden wir uns mit den diversen vorhandenen Möglichkeiten der formellen Untersuchung und damit, was sie bieten können, beschäftigen.

Differentialdiagnose

Am gebräuchlichsten und am leichtesten durchzuführen ist wohl der sogenannte »Differentialdiagnose«-Test. Er wird normalerweise von einem Erziehungspsychologen vorgenommen, der eine Reihe von Untertests durchführt, um herauszufinden, in welchen schulischen Bereichen Ihr Kind statistisch wesentlich hinter die »Norm« zurückfällt, d. h. in Bereichen, die Ihr Kind schwieriger zu bewältigen findet als ein gleichaltriges Durchschnittskind in seiner Klasse.

Bestimmte Kriterien, die für alle Bereiche für alle Altersgruppen festgesetzt sind, dienen als Norm. Durch den Vergleich Ihres Kindes mit diesen Normen kann ein 'Profil' von ihm erstellt werden. Wird dieses Profil dann mit dem eines durchschnittlichen, normalen Kindes derselben Altersstufe verglichen, kann ermittelt werden, wo die Leistungen Ihres Kindes beim Test von dieser erwarteten Norm abweichen.

Der Erziehungspsychologe kann Ihr Kind in den folgenden Bereichen testen:

- allgemeine kognitive Leistungsfähigkeit (gegenüber der des Durchschnittskindes)
- Sprachgebrauch
- Gedächtnis und Aufmerksamkeitsspanne
- visuell-räumliche Fähigkeiten
- Grobmotorik (Koordination) und Feinmotorik (Fähigkeit, präzise Bewegungen durchzuführen)

Für diese Art der psychologischen und pädagogischen Untersuchung stehen viele verschiedene standardisierte Tests zur Verfügung. Einige Tests, von denen Sie vielleicht in diesem Zusammenhang gehört haben, heißen PET (Psycholinguistischer Entwicklungstest nach Angermaier), HAWIK (Hamburg-Wechsler-Intelligenztest für Kinder) und HSET (Heidelberger Sprachentwicklungstest).

Diese Tests liefern Ihnen vielleicht keine neuen Informationen. Sie können insofern nützlich sein, als sie Ihnen verraten, in welchem Grad Ihr Kind in einem bestimmten Bereich hinter der Norm liegt. Sie können den statistischen »Beweis« erbringen, daß Ihr Kind auf gewissen Gebieten nicht normal abschneidet. Einige Versuchsleiter benutzen vielleicht die Informationen aus einem solchen Test, um den Schluß zu ziehen, daß Ihr Kind legasthenisch ist. Andere wiederum können die Meinung vertreten, daß weitere Tests erforderlich sind, bevor eine solche Diagnose gestellt werden kann.

Kinderärztliche Untersuchung

Wenn aus einer Differentialdiagnose hervorgeht, daß Ihr Kind in einigen Bereichen schlechter abschneidet, als es der Norm entspricht, besteht der nächste logische Schritt darin, herauszufinden, ob die Ursache dieser Schwierigkeiten in einer physischen Störung des Gehörs, des Sehvermögens oder der Hirnfunktion liegen könnte.

Neben der Untersuchung in bezug auf allgemeine Gesundheitsprobleme wird der Kinderarzt folgendes bei Ihrem Kind prüfen:

- Nervensystem und Gehirnfunktionen
- Entwicklung und Wachstum
- Gehör
- Sehvermögen
- Gleichgewichtssinn und motorische Funktionen

Gewöhnlich wird der Kinderarzt als erstes die Funktionen der Sinnesorgane testen. Die Leistung Ihres Kindes bei diesen Tests wird mit einem Satz »normaler« Funktionen verglichen, ungefähr auf die gleiche Weise wie seine allgemeine kognitive Leistung einer Reihe von Normen gegenübergestellt wurde.

Werden wesentliche Unterschiede festgestellt, können diese als Hinweis darauf dienen, daß strukturelle Probleme im Gehirn oder in den Sinnesorganen vorliegen. Jedoch abgesehen von den schwerwiegenden Symptomen einer Funktionsstörung in der Struktur des Gehirns oder der Sinnesorgane, die relativ leicht zu erkennen und aufzuzeichnen sind, ist es ziemlich schwierig, direkt im Nervensystem und in den Sinnesorganen auf strukturelle Probleme zu testen. Das heißt, auch wenn sich herausstellen sollte, daß zwischen der Funktionsweise des Gehirns und der Sinnesorgane Ihres Kindes und derjenigen eines gleichaltrigen ›normalen‹ Kindes Unterschiede bestehen, wird daraus nicht unbedingt die Ursache dieser Unterschiede hervorgehen.

Wenn sich aus der kinderärztlichen Untersuchung ergibt, daß Ihr Kind an irgendeiner Form von Hirnschädigung leidet, oder wenn eine andere bekannte strukturelle Ursache für eine zerebrale Funktionsstörung vorliegt, können die legasthenischen Symptome Ihres Kindes direkt auf diese Ursachen zurückzuführen sein.

Weitere Untersuchungen

Wenn nichts auf eine Hirnschädigung oder schwere strukturelle Störungen der Sinnesorgane hinweist und die Testergebnisse im Normalbereich liegen, können zwei weitere Möglichkeiten für die Ursache der Legastheniesymptome Ihres Kindes in Betracht gezogen werden.

Zum einen besteht die Möglichkeit, daß die Ursache der Symptome in einem strukturellen Problem zu suchen ist, das die vorhandenen Tests nicht erkennen können. Die zweite Möglichkeit ist, daß es sich überhaupt nicht um eine strukturelle, sondern um eine *funktionelle* Störung des Gehirns und/oder der Sinnesorgane handelt.

Wenn Sie mit diesen zwei Möglichkeiten konfrontiert werden, muß eine Wahl getroffen werden, in welchem Umfang Ihr Kind weiteren Tests ausgesetzt werden kann oder sollte. Die Gründe für weitere Untersuchungen sind, zu versuchen,

- die zugrunde liegende strukturelle Ursache der Symptome herauszufinden,
- genauer zu ermitteln, was für funktionelle Störungen vorliegen, damit angemessene Behandlungsmethoden zu ihrer Behebung gefunden werden können.

Im Rahmen der Legastheniebehandlung stehen Verfahrensweisen zur Verfügung, bei denen man Tests zur auditiven und visuellen Reaktionsfähigkeit durchführt, die individuell intepretiert werden und sich von den Standardtests unterscheiden, die von Ärzten oder Optometrikern durchgeführt werden. Diese detaillierteren Tests können funktionelle Störungen in den Sinnesorganen aufdecken, die mit einem speziellen

Training für diese Organe behandelt werden können. (Für weitere Informationen siehe die Abschnitte über visuelle und auditive Funktionsstörungen, Seite 64.)

Da jeder Fall von Legasthenie anders gelagert ist, können keine generellen Empfehlungen gegeben werden, und die Bedürfnisse eines jeden Kindes müssen individuell eingeschätzt werden.

Psychologische Tests

Andere Tests wiederum konzentrieren sich nicht auf die Sinnesorgane selbst, sondern auf die Verarbeitung der von den Sinnen empfangenen Informationen. Diesen Tests liegt der Gedanke zugrunde, daß andere Faktoren die Funktionsweise des Gehirns und der Sinnesorgane eines Kindes beeinflussen können.

Es ist weithin bekannt, daß unser psychologischer Zustand in jedem Augenblick beeinflussen kann, wie wir die Welt wahrnehmen und wie wir unseren Verstand einsetzen. Also ist das psychologische Testen ein weiterer Weg, der für Ihr legasthenisches Kind sinnvoll eingesetzt werden kann. Er wird gewöhnlich dann in Betracht gezogen, wenn das Verhalten eines Kindes Unterschiede gegenüber einer Anzahl von Verhaltensnormen zeigt.

Falls Ihr Kind sich zusätzlich zu seinen Lernschwierigkeiten auf eine Art und Weise verhält, die über das hinauszugehen scheint, was zu Hause oder in der Schule als normal oder akzeptabel betrachtet wird, könnte eine psychologische Untersuchung empfohlen werden, um

- nach psychischen Störungen und Haltungsschäden zu suchen, die sich auf die Emotionen, Reaktionen, das Gedächtnis und die Aufmerksamkeitsfähigkeit Ihres Kindes auswirken können.
- herauszufinden, ob andere psychische Faktoren eine Rolle spielen. Zum Beispiel:
  - ist Ihr Kind ängstlicher als das Durchschnittskind?
  - hat es Versagensängste mit mangelndem Vertrauen in seine Fähigkeiten?
  - ist seine Selbstachtung gering?
  - ist es introvertierter als normal?
  - ist es rebellisch und sträubt sich gegen Kontrolle?

- leidet es an chronischer Depression?
- ist es anfällig für Stimmungsschwankungen und Erkrankungen?
- leidet es an psychosomatischen Krankheiten – Kopfschmerzen, Magenbeschwerden, Hautkrankheiten, häufigen Erkältungen?

Der Psychologe wird vielleicht ebenfalls milieubezogene Faktoren einschätzen wollen, die das Verhalten Ihres Kindes beeinflussen können:

- die psychologische Umgebung zu Hause, in der Schule und bei seinen Freunden
- die physische Umgebung in Hinblick auf chemische Empfindlichkeiten oder Antigene, die Reaktionen oder Allergien verursachen können und die sich wiederum auf sein Verhalten und seine Empfänglichkeit auswirken.

Es bestehen sehr große Unterschiede in bezug darauf, wie umfassend solche psychologischen Tests sind. Idealerweise bezieht eine psychologische Untersuchung so viele der oben erwähnten Variablen wie möglich ein, was aber nicht immer der Fall ist.

Zusammenfassung

1. Zur Zeit stehen keine standardisierten, objektiven, weithin akzeptierten Kriterien für Legasthenie zur Verfügung. Letzten Endes wird die Entscheidung, ob die Testergebnisse zu verstehen geben, daß Ihr Kind legasthenisch ist, auf dem subjektiven Urteil der Personen basieren, die den Test durchführen oder entwickelt haben. Weil die Symptome von Legasthenie derart vielfältig und vermischt sind, existieren keine festumrissenen Grenzen, die definieren, wo Legasthenie anfängt. Das kann Sie zur Verzweiflung treiben, wenn Sie eine Entscheidung über Ihr Kind treffen müssen, die auf Testergebnissen beruht.
2. Jeder Legasthenietest ist gewöhnlich eine Tortur für Ihr Kind und vielleicht auch für Sie.
3. Nach einem ersten Test ist es ratsam, sorgfältig zu überlegen, welche zusätzlichen Untersuchungen Sie Ihrem Kind zumuten möchten. Sie sollten vermeiden, daß Ihr Kind mit unzähligen Tests und Therapien konfrontiert wird, in der Hoffnung, daß sich irgend etwas davon als

positiv erweisen oder funktionieren wird. Wie zu Beginn dieses Abschnitts erwähnt, sind die Schritte, eine Bestandsaufnahme zu machen und zu entscheiden, was Sie erreichen wollen, sehr wichtig. Es kommt allzu oft vor, daß Eltern in ihrem Enthusiasmus und ihrem Wunsch zu helfen ihr Kind so vielen Tests unterziehen, daß es an einem bestimmten Punkt aus Selbstschutz jede weitere Hilfe ablehnt und sich hinter eine Mauer der Verweigerung zurückzieht.

Hilfe für das Kind

Sobald feststeht, daß Ihr Kind legasthenisch ist, sollten Sie sich als nächsten Schritt darüber informieren, was Sie praktisch tun können. In den folgenden Abschnitten finden Sie Hinweise, wie Sie sowohl Ihrem Kind – zu Hause, außerhalb des Hauses und in der Schule – als auch sich selbst helfen können. Die hier vorgebrachten Empfehlungen sollen keineswegs eine Legasthenietherapie ersetzen. Aber sie werden oft von großer Bedeutung dafür sein, wie Ihr Kind auf eine herkömmliche Therapie anspricht.

Darüber hinaus stelle ich eine Auswahl an verfügbaren Behandlungsmöglichkeiten für Legasthenie vor, damit Sie sich ein klareres Bild davon machen können, welche sich für Ihr Kind am besten eignet.

Zu Hause

- Seien Sie empfänglich für die Emotionen und Gefühle Ihres Kindes und seine Reaktionen in bezug auf seine Behinderung – und reden Sie mit ihm darüber, falls das überhaupt möglich ist. Finden Sie eine für Sie angenehme Möglichkeit, um mit anderen Personen über die Behinderung Ihres Kindes zu sprechen, so daß es nicht das Gefühl bekommt, daß Sie etwas zu verbergen haben oder peinlich berührt sind.
- Seien Sie sich Ihrer eigenen Gefühle bewußt, wenn Sie erfahren, daß Ihr Kind lernbehindert ist. Lassen Sie Ihre Ansichten darüber, was Ihr Kind braucht, nicht von diesen persönlichen Emotionen beeinflussen (siehe »Hilfe für die Eltern«, Seite 43–53).
- Ermuntern Sie Ihr Kind dazu, Fertigkeiten und Begabungen in Bereichen zu entwickeln, in denen es *nicht* beeinträchtigt ist – vielleicht Sport, Schauspielkunst, künstlerische und kreative Beschäftigungen –, wo es Begabungen an den Tag legen kann, denen keine Grenzen durch seine Lese-, Schreib- oder Rechenunfähigkeit gesetzt sind.
- Richten Sie die physische Umgebung Ihres Kindes so ein, daß es ihm leichter fällt, zu Hause zu lernen. Planen Sie festgelegte Zeiten, in de-

nen es seine Hausaufgaben erledigt, und halten Sie seinen Zeitplan so konsequent wie möglich ein.

- Finden Sie ein Gleichgewicht zwischen Unterstützung für Ihr Kind in der Bewältigung seiner Behinderung und Überbehütung, die zu Abhängigkeit und Bedrängnis führen kann.
- Erkennen und seien Sie sich bewußt, daß es vorkommen kann, daß ein behindertes Kind, das eine Therapie macht, lesen lernt oder eine Begabung weiter ausbilden möchte, Ängste davor entwickelt, sich zu verändern und eine andere Person zu werden. Falls vor Beginn der Behandlung ein starkes Abhängigkeitsmuster bestanden hat, könnte es sich sorgen, daß seine Eltern es nicht mehr lieben werden, sobald es nicht mehr gehandikapt ist.
- Durchschauen Sie Verhaltensweisen, die Ihr Kind als »Tarnmanöver« für seine Behinderung einsetzt. Es verhält sich vielleicht nur aus dem Grund auf übertriebene und provozierende Weise, weil es Sie davon abzulenken versucht, Forderungen zu stellen, die ihm Leistungen abverlangen, die es sich nicht zutraut.
- Seien Sie sich der natürlichen Neigung bewußt, bei lernbehinderten Kindern in allen Bereichen niedrige Erwartungen zu hegen. Es liegt auf der Hand, daß die Erwartungen in Bereichen, in denen es Schwierigkeiten hat, entsprechend heruntergeschraubt werden müssen. In den Bereichen, in denen das Kind nicht behindert ist, darf aber nicht die gleiche niedrige Erwartungshaltung eingenommen werden. Das würde nur die bereits zerbrechlichen Selbstwertgefühle des Kindes schwächen.
- Üben Sie sich in Geduld mit Ihrem legasthenischen Kind. Wenn Sie ängstlich, beunruhigt oder ungeduldig sind, wird das nur zu seinem Unsicherheitsgefühl beitragen und seine Legastheniesymptome verschlimmern.
- Fördern Sie die natürliche Neugierde eines legasthenischen Kindes. Neugierde hilft, die Lernmotivation zu erhalten, die durch die Schwierigkeiten untergraben wird, die es in der Arbeit mit Symbolen erfährt.
- Geben Sie einem legasthenischen Kind die Chance, Dinge selbst herauszufinden. Fördern Sie Selbstverantwortung und Unabhängigkeit. Lassen Sie das Kind in der häuslichen Lernsituation das Tempo bestimmen, anstatt daß es eine passive Rolle innehat.

- Helfen Sie Ihrem Kind, sich zu entspannen. Das ist eines der einfachsten und wichtigsten Dinge, die Sie tun können, um Ihrem Kind zu helfen. Weil es Schwierigkeiten mit Fertigkeiten hat, die anderen Kindern leicht fallen, wird es immer viel härter und länger arbeiten müssen, um mit dem Lehrer Schritt zu halten, der etwas an die Tafel schreibt, oder um seine Hausaufgaben zu erledigen. Die damit verbundene Frustration und Anstrengung verursacht Kopfschmerzen und Verspannung. Möglicherweise kommt Ihr Kind am Ende eines Schultages völlig erschöpft nach Hause. Die Frustration darüber, daß es sich in der Schule nicht auszudrücken vermochte, kann ganz plötzlich in dem Augenblick ausbrechen, in dem es zu Hause angekommen ist.

Die Übung des Loslassens

Eine einfache, aber sehr wirksame Entspannungstechnik, die Ihnen helfen kann, Ihrem Kind zu helfen, ist die Übung des Loslassens. Sie wurde von Ronald Davis am *Reading Research Council* speziell für legasthenische Kinder entwickelt, die beim Erledigen von Aufgaben dazu neigen, sich zu verspannen und zu stark zu konzentrieren. Diese Übung können Sie ebenfalls durchführen, wenn Sie sich dabei ertappen, daß Sie nervös, unruhig und unfähig werden, Dinge einfach geschehen zu lassen. Am besten führt man sie in einer Umgebung durch, in der so wenig Ablenkung wie möglich vorhanden ist.

Mach es dir bequem. So bequem wie du kannst. Balle die Hand zur losen Faust, nicht zu fest. Bringe einfach nur die Finger zur Handfläche.

Denke jetzt den Gedanken »offene Hand«, aber balle zugleich die Faust fester. Denke wieder den Gedanken »offene Hand«, und mache dabei die Faust noch fester.

Denke noch einmal den Gedanken »offene Hand«, und diesmal balle die Faust wirklich ganz fest, bis zum Ellbogen hinauf.

Laß jetzt die Hand los, ohne daran zu denken. Laß die Finger wieder ihre natürliche Haltung einnehmen.

Nimm die Empfindung wahr, die deinen Arm hinunter durch die Hand bis zu den Fingerspitzen läuft. Das ist das Gefühl des Loslassens. Wenn das Wort »loslassen« verwendet wird, ist genau dieses Gefühl gemeint. Das Gefühl des Loslassens ist dasselbe Gefühl wie das Gefühl eines Seufzers. Seufze jetzt. Atme ein, halte den Atem eine Sekunde lang an und laß dann die Luft mit einem Hach-Laut, der aus Kehle und Brust kommt, aus dem Mund strömen. Ein kleiner Seufzer bringt das Gefühl des Loslassens in den oberen Brustbereich. Ein großer Seufzer kann dieses Gefühl bis in die Finger- und Zehenspitzen bringen. Seufze jetzt ganz tief und laß dieses Gefühl durch deinen ganzen Körper strömen. Laß dieses Gefühl verweilen, laß dieses Gefühl im Körper bleiben.

Schließe die Augen. Spüre deine Zehen, finde heraus, wo deine Zehen sind, und fühle sie von innen.
Behalte dieses Gefühl deiner Zehen bei und spüre deine Finger. Finde heraus, wo deine Finger sind, und fühle sie von innen.

Dehne jetzt dein Gefühl von den Zehen bis in die Fußknöchel und von den Fingern bis in die Handgelenke aus.

Dehne jetzt dein Gefühl von den Zehen bis in die Knie und von den Fingern bis in die Ellbogen aus.
Fahre damit fort bis zu den Hüften und Schultern.
Jetzt durch den ganzen Körper, bis zum Nacken hinauf.
Dann durch den ganzen Nacken und Kopf, einschließlich der Ohren, bis zur Haut auf dem Scheitel hinauf.

Seufze jetzt ganz tief und laß das Gefühl des Loslassens durch deinen ganzen Körper bis in die Finger- und Zehenspitzen strömen.
Laß dieses Gefühl des Loslassens im Körper verweilen. Wenn es für dich angenehm ist, öffne schließlich die Augen.

Sobald Ihr Kind in der Lage ist, das Gefühl des Loslassens im ganzen Körper deutlich zu spüren, können Sie eine Kurzfassung dieser Übung anwenden, wann immer es sich verspannt oder Kopfschmerzen bekommt. Fordern Sie es auf, ganz tief zu seufzen, wirklich ganz tief aus dem Bauch heraus. Dadurch strömt das Gefühl des Loslassens direkt durch seinen Körper. Das klingt zwar sehr simpel, ist aber außerordentlich effektiv.

In der Schule

Stellen Sie gute Beziehungen zu der Schule und den Lehrern Ihres Kindes her, so weit das möglich ist. Zwei Szenarios sind möglich:

1. Die Schule und die Lehrer sind unterstützend, kooperativ und bereit, Wege zu finden, damit Ihr Kind seine Behinderung annimmt und mit ihr arbeitet.
2. Die Schule und/oder die Lehrer stehen, aus welchem Grund auch immer, Ihrem Anliegen nicht wohlwollend gegenüber und sind nicht bereit oder in der Lage, Ihrem Kind Unterstützung und Förderung zukommen zu lassen.

Szenario 1

In einer solchen günstigen Situation können Sie dazu beitragen, diese positive Einstellung aufrechtzuerhalten, indem Sie engen Kontakt zu den Lehrern pflegen. Das kann folgende Formen annehmen:

- Regelmäßige Treffen, um die Fortschritte Ihres Kindes in der Schule zu besprechen.
- Treffen in der Schule mit Lehrern und Eltern anderer lernbehinderter Kinder, um sich gegenseitig zu unterstützen und bei der Koordination von Förderungsmaßnahmen für die Kinder zusammenzuarbeiten.
- Den Lehrer Ihres Kindes darüber auf dem laufenden halten, wie Sie Ihr Kind zu Hause unterstützen.
- Den Lehrer über Gegebenheiten wie die folgenden in Kenntnis setzen:
  - Erfolge Ihres Kindes außerhalb der Schule
  - Veränderungen in der inneren Haltung und im beobachteten Verhalten Ihres Kindes, die im Unterricht für den Lehrer wichtig sein können
  - Veränderungen in den Familienverhältnissen und alle anderen Einflüsse, die sich auf die Schulprobleme Ihres Kindes auswirken können
  - Aktuelle Informationen über Lernbehinderungen und ihre Therapiemöglichkeiten, die Sie in Erfahrung gebracht haben

Natürlich sollten diese Kontakte mit den Lehrern und der Schule Ihres Kindes in aller Offenheit stattfinden. Bei Ihrem Kind sollte niemals das Gefühl zurückbleiben, daß Sie »hinter seinem Rücken« mit der Schule zusammenarbeiten.

Szenario 2

Wenn Sie kaum Unterstützung und Kooperation wegen der Behinderung Ihres Kindes finden, sind zwei Möglichkeiten in Erwägung zu ziehen:

- Finden Sie Wege, um die Haltung der Schule und der Lehrer zu ändern.
- Melden Sie Ihr Kind in einer anderen Schule an, die mehr Unterstützung und Kooperation bietet.

Wenn Sie sich für die erste Möglichkeit entscheiden, können Sie verschiedene Schritte unternehmen:

- Informieren Sie sich über Ihre gesetzlich verankerten Rechte und bestehen Sie auf ihrer Einhaltung.
- Tun Sie sich mit anderen Eltern zusammen und arbeiten Sie daran, die Haltung der Schule und der Lehrer zu ändern (vergessen Sie dabei jedoch nicht, immer zu versuchen, sich in die Lage der Schule und Lehrer zu versetzen, bevor Sie irgendwelche negativen Urteile fällen – vielleicht sind ihnen aufgrund gewisser Beschränkungen die Hände gebunden).
- Versuchen Sie Gründe herauszufinden, warum die Schule nicht kooperativ ist; zum Beispiel:
  - Sie kann infolge mangelnder Ressourcen eher außerstande als abgeneigt sein, mit Ihnen zusammenzuarbeiten;
  - Die Lehrer sind vielleicht nicht umfassend über alle Möglichkeiten unterrichtet, wie man lernbehinderten Kindern helfen kann.
- Ergreifen Sie die Initiative, indem Sie Ihre Hilfe in der Schule anbieten, und bauen Sie Beziehungen auf diese Weise auf, bevor Sie Forderungen für Ihr Kind stellen.

Jeder Schritt, den Sie unternehmen, um die Schule oder die Lehrer Ihres Kindes zu beeinflussen, wird Ihnen zusätzliche Zeit und Energie kosten. Bei allen diesen möglichen Entscheidungen ist es wichtig, sich über seine Prioritäten im klaren zu sein. Denken Sie stets daran, daß es unklug ist, über einen Lehrer oder die Schule herzufallen. Was auch immer Sie empfinden mögen, es nützt nichts, wenn Sie die Schule tadeln. Sie wird ihr Bestes tun im Rahmen der Einschränkungen, mit denen sie arbeiten muß. Es hilft weder Ihnen noch der Schule, wenn Sie ihre mangelnde Kooperation kritisieren oder sich darüber aufregen.

Alle Eltern haben nur ein gewisses Maß an Energie und Zeit verfügbar – es ist daher immer geschickt, das richtige Gleichgewicht herzustellen zwischen dem Drängen darauf, was Ihr Kind in der Schule braucht, und dem Akzeptieren der einer Situation innewohnenden Beschränkungen. Auf dieses Thema werden wir im Abschnitt »Hilfe für die Eltern« näher eingehen.

Außerhalb des Hauses und der Schule

In diesem Bereich sollten die folgenden allgemeinen Richtlinien beachtet werden:

- Finden Sie Aktivitäten außerhalb des Hauses und der Schule, an denen Ihr Kind Spaß hat und wo es seine Selbstachtung, sein Selbstvertrauen und seine Identität als eine nichtbehinderte Person herstellen, aufrechterhalten und aufbauen kann.
- Kultivieren Sie Aktivitäten, die die natürlichen Begabungen Ihres Kindes herausfordern und entwickeln.
- Suchen Sie Aktivitäten und soziale Kreise, die für Ihr Kind nicht bedrohlich sind und nicht von ihm verlangen, Leistungen in Bereichen, in denen es sich unsicher fühlt, zu bringen.
- Seien Sie sich bewußt, daß Ihr Kind sich im Laufe seines Wachstums verändert. Veränderungen in Emotionen, Bedürfnissen und Interessen können sehr schnell vor sich gehen. In gewissen Altersstufen in der Entwicklung eines legasthenischen Kindes gibt es oft Wende- oder Krisenpunkte, an denen sich alles sehr plötzlich ändern kann (für eine detailliertere Beschreibung dieser Veränderungen siehe Seiten 111–123). Versuchen Sie, sich dieser Augenblicke bewußt zu sein und sich und das Leben Ihres Kindes so gut wie möglich anzupassen, um sich auf diese Veränderungen einzustellen.

- Bestehen Sie nicht darauf, daß Ihr Kind sich weiterhin mit etwas beschäftigt, woran es in der Vergangenheit Gefallen gefunden hat, wenn es offensichtlich einen Prozeß der Veränderung durchmacht. Andererseits brauchen legasthenische Kinder in sehr hohem Maße Gleichmäßigkeit, Struktur und Voraussagbarkeit. Überlegen Sie sich sorgfältig jegliche Veränderungen, die Sie in den Aktivitäten und im Zeitplan Ihres Kindes vornehmen, und besprechen Sie das mit ihm so früh wie möglich.

Wie Sie dieser Auflistung entnehmen können, gibt es keine strikten Regeln, wie Ihr Kind lernen kann, seine Lernbehinderung zu akzeptieren und mit ihr zu leben. Während des schwierigen Prozesses, eine Behinderung zu bewältigen, geht es immer darum, feinfühlig und in Verbindung zu bleiben und, so weit es möglich ist, das Gleichgewicht und den Humor zu bewahren.

Hilfe für die Eltern

Die Vorstellung, daß Selbsthilfe ein Teil der Hilfe sein könnte, die Sie Ihrem legasthenischen Kind angedeihen lassen, mutet zunächst vielleicht seltsam an. Möglicherweise richten Sie inzwischen automatisch Ihre ganze Aufmerksamkeit und Energie darauf, Ihr Kind darin zu unterstützen, seine Schwierigkeiten zu akzeptieren, so daß Sie es sich angewöhnt haben, kaum auf Ihre eigenen Gedanken oder Gefühle zu achten.

Die Idee, an sich selbst zu denken oder sich um die eigenen Bedürfnisse zu kümmern, ist Ihnen vielleicht noch nie in den Sinn gekommen. Wenn das der Fall ist, sollten Sie sich jetzt einen Augenblick Zeit dafür nehmen. Das ist zwar leicht gesagt, aber trotzdem enthält die Vorstellung von Selbsthilfe als Teil der Hilfe für Ihr behindertes Kind einen ernstzunehmenden Aspekt. Sie sollten zwei Tatsachen in Betracht ziehen:

- Wenn Sie nicht entspannt und mit sich im reinen sind, werden Sie Ihrem Kind nicht wirklich helfen können, mit seiner Behinderung fertig zu werden.
- Was Sie bis jetzt unternommen haben, um Ihrem Kind zu helfen, kann genau das sein, was Sie davon abhält, mit sich und mit der Behinderung Ihres Kindes im reinen zu sein.

In der Beziehung zwischen einem legasthenischen Kind und seinen Eltern kann sich ein Teufelskreis entwickeln, der verhindert, daß ihm geholfen wird. In der einfachsten Version dieser *Double-bind*-Situation wird die Behinderung eines legasthenischen Kindes zum Kontext oder zur Struktur der Eltern-Kind-Beziehung. Wie Sie mit Ihrem Kind umgehen, worüber Sie reden und was Sie austauschen, bildet die Grundlage für die Arbeit an der Behinderung. Alles, was die Behinderung ausgleichen könnte, wird dann als fremd empfunden und stellt folglich eine mögliche Bedrohung für die Dynamik der Beziehung dar. Dadurch könnten die Möglichkeiten eines legasthenischen Kindes beeinträchtigt werden, von seiner Behinderung befreit zu werden.

Diese Verbindung zwischen Eltern und legasthenischem Kind kann in vielen Varianten vorkommen. Und bis zu einem gewissen Grad ist sie unvermeidlich. Niemand muß sich schuldig fühlen, daß eine solche Dynamik existiert. Aber es ist wichtig, sich dieses oft unbewußten Aspektes in der Beziehung bewußt zu sein. Mit diesem Wissen können Schritte unternommen werden, um den Teufelskreis zu durchbrechen, der ein legasthenisches Kind sein ganzes Leben lang in seiner Behinderung gefangenhalten kann.

1. Einen Bezugspunkt herstellen

Ob Sie sich nun der Dynamik in Ihrer Beziehung zu Ihrem Kind bewußt sind oder nicht, der erste Schritt dabei, sich selbst zu helfen, besteht darin, daß Sie für sich einen *Bezugspunkt* im Hinblick auf die Legasthenie Ihres Kindes herstellen. Ein solcher Bezugspunkt muß

- unabhängig von Ihren Gefühlen oder Gedanken sein, die Sie in irgendeinem bestimmten Augenblick hegen,
- fest und beständig sein (etwas, das Sie verwenden können, um andere Ideen daran zu messen),
- jederzeit sichtbar und leicht zugänglich sein.

Fast alle Gedanken, Überzeugungen oder Prinzipien können als Bezugspunkt dienen, der mit einer Richtung verglichen werden kann. Nehmen Sie beispielsweise die Himmelsrichtung Norden – sie ist immer da, und wenn Sie nach Norden reisen, wird sie Ihnen bei der Entscheidung helfen, welchen Weg Sie einschlagen sollen. Ein Bezugspunkt ist für all ihr Handeln ein Orientierungspunkt. Wenn Sie ihn aufrechterhalten können, läßt er Integrität und Gleichmäßigkeit in Ihr Leben eintreten.

Ideale und ehrliche Anliegen, Glaube an ein höheres Prinzip, eine brennende Leidenschaft oder ein Hobby, ein bestimmter Standpunkt – das alles sind Beispiele dafür, was als Bezugspunkt dienen kann. Wenn er jedoch effektiv sein soll, muß er in Ihrem Leben auch präsent und verfügbar sein. Eine vage Vorstellung, daß Sie ein gutes und aufrichtiges Leben führen wollen, wird nicht ausreichen, um Ihnen zu helfen, Entscheidungen zu treffen und Prioritäten festzulegen. Damit der Bezugspunkt nützlich sein kann, müssen Sie sich des Vorteils und der Befriedigung bewußt sein. Die Bedeutung Ihres Lebens wird unmittelbar von Ihrem gewählten Bezugspunkt beeinflußt werden.

In Familien, in denen ein legasthenisches Kind Probleme hat, wird in der Regel die Aufgabe, die Legasthenie zu bewältigen, zum Bezugspunkt für die Eltern und folglich für die ganze Familie. So werden die Legasthenie und die mit ihr verbundenen Probleme in das Zentrum des Familienlebens gerückt, um das sich alles dreht. Jede Entscheidung und jede Wahl orientiert sich an ihm.

Wir alle brauchen und wählen Bezugspunke, auch wenn wir uns dessen nicht bewußt sind. Der Grund dafür liegt einfach darin, daß wir ohne eine solche Orientierung und eine solche Ausrichtung in einem Meer von Möglichkeiten untergehen würden und nicht mehr wüßten, wie wir uns entscheiden sollen. Sobald wir also einen Bezugspunkt gefunden haben, werden alle Entscheidungen, die wir treffen, tendenziell von ihm beeinflußt. Wenn Eltern die Lernschwierigkeiten eines Kindes als den Bezugspunkt für sich und ihre Familien nehmen, auch wenn das aus den besten Gründen geschieht, werden sie zwangsläufig Entscheidungen treffen, die diesen Bezugspunkt – und somit das Problem, das sie zu lösen versuchen – aufrechterhalten.

Zusammenfassend sollten folgende Punkte beachtet werden:

- Beobachten Sie kritisch, ob Sie die Legasthenie Ihres Kindes als Ihren Bezugspunkt gewählt haben, weil dadurch das Problem bestehen bleiben kann.
- Wählen Sie Ihren Bezugspunkt *außerhalb* des Kontextes der Legasthenie Ihres Kindes.
- Vertreten Sie Ihren Bezugspunkt aktiv, und erneuern Sie ihn als Teil Ihres täglichen Lebens. Stellen Sie sicher, daß Sie Vorteile und Befriedigung daraus erfahren, diese bestimmte Wahl getroffen zu haben.

Die aktive erneute Bekräftigung eines anderen Bezugspunktes als die Lernschwierigkeiten Ihres Kindes wird das Gleichgewicht und die Distanz bringen, die Sie als Eltern benötigen. Indem Sie einen Teil Ihrer Aufmerksamkeit von den Bedürfnissen Ihres Kindes abziehen, werden Sie ihm effektiver helfen können, seinen eigenen Weg zu finden, seine Probleme zu akzeptieren. Ohne diese Distanz können Sie in das Problem »hineingeraten«, und Ihr Kind wird von Ihnen abhängig werden und nie lernen, sich im Leben zurechtzufinden.

Ihr Bezugspunkt muß mehr sein als nur eine Idee oder ein Ziel, und um wirksam sein zu können, muß er in konkreten Handlungen und positiven Entscheidungen seinen Ausdruck finden. Welches System Sie auch haben, es muß auf jeden Fall Handlungen einbeziehen, die unmittelbar mit dem Aufrechterhalten Ihres Bezugspunktes verbunden sind. Indem Sie bewußt einen Teil Ihrer Zeit und Energie aufwenden, um für diesen Bezugspunkt empfänglich zu sein, werden die anderen Bereiche Ihres Lebens, einschließlich der Unterstützung Ihres Kindes in bezug auf seine Legasthenie, in die richtige Perspektive gerückt.

2. Verstehen Sie Ihre Verpflichtungen

Wenn Sie nicht erkennen, daß es in Ihrer Hand liegt, wie Sie mit den Anforderungen an Ihre Zeit und Aufmerksamkeit umgehen, sollte das die erste Priorität sein, die Sie setzen, um Ihrem Kind zu helfen. Ohne die Fähigkeit, die Dinge selbst zu bestimmen, werden Sie außerstande sein, irgendeine Verpflichtung in diesem Bereich wahrzunehmen.

Bei einer Verpflichtung handelt es sich in ihrer einfachsten Bedeutung nicht darum, daß man ernsthaft ist und sich um etwas oder jemanden sorgt. Sondern es ist einfach die Bereitschaft und die Fähigkeit gemeint, etwas zu kontrollieren: imstande zu sein, Änderungen zuzulassen oder zu verhindern. Diese einfache Auffassung darüber, was eine Verpflichtung ist und was nicht, kann sich stark auswirken, wenn es darum geht, Ihrem Kind zu helfen, seine durch Legasthenie verursachten Lernschwierigkeiten zu bewältigen.

Eltern, die sich nicht entscheiden können, wie sie ihre Zeit und ihre Ressourcen einteilen, sind nicht in der Lage, verantwortlich dafür zu sein, ihrem legasthenischen Kind zu helfen. Und dann wiederum gibt es Eltern, die überaus verkrampft sind. Die Probleme tauchen auf, wenn in einer solchen Situation ein Elternteil anfängt, sich für sein Kind verantwortlich zu fühlen, ohne auf irgendeine Weise fähig zu sein, diese Verantwortung wahrzunehmen. Das ist eine ausweglose Situation. Sobald Sie verstehen, was Verpflichtung erfordert, können Sie einfach herausfinden, für welche Bereiche Sie verantwortlich sein können und für welche nicht. Das kann Sie davor bewahren, das Unmögliche zu versuchen und das Gefühl zu bekommen, daß Sie irgendwie immer versagen.

3. Machen Sie eine emotionale Bestandsaufnahme

Manchmal können konstante Emotionen oder emotionale Reaktionen zu dem Bezugspunkt werden, nach dem wir unser Leben ausrichten. So ist es hilfreich, wenn wir uns unserer Emotionen bewußt werden, damit wir den Bezugspunkt erkennen und prüfen können, ob er tatsächlich die Menschen in unserem Leben, um die wir uns sorgen, unterstützt.

Das ist nicht immer eine einfache Aufgabe, denn sie erfordert, daß Sie Ihren Gefühlen ins Auge sehen. Vielleicht sind Sie der Meinung, daß einige dieser Gefühle für Eltern – und besonders für Sie – nicht akzeptabel sind.

Um diese emotionale Bestandsaufnahme zu machen, müssen Sie eine Person um Hilfe bitten, eine Person, der Sie vertrauen und von der Sie wissen, daß sie Sie nicht wegen Ihrer Gefühle, die Sie zum Ausdruck bringen, verurteilt. Möglicherweise ist Ihr Partner dafür nicht unbedingt geeignet. Viele Eltern finden die Möglichkeit, ihre Emotionen in einer Selbsthilfegruppe mit der Unterstützung anderer Eltern legasthenischer Kinder zu ergründen. Wenn diese Möglichkeit nicht besteht und Sie glauben, daß Sie es allein nicht schaffen, suchen Sie sich eine Person oder eine Gruppe, die es Ihnen gefahrlos ermöglicht, sich zu öffnen.

Checkliste Ihrer Emotionen

Um Ihnen Ihre emotionale Bestandsaufnahme zu erleichtern, liste ich verschiedene Emotionen auf, die Eltern erfahren, wenn sie mit der Tatsache konfrontiert werden, daß ihr Kind lernbehindert ist. Die ersten fünf Emotionen werden am häufigsten empfunden, und sie werden in der Reihenfolge aufgeführt, in der sie gewöhnlich auftreten.

Leugnung. Sie schenken den Testergebnissen oder Schulzeugnissen keinen Glauben.

Wut. Sie wollen nicht akzeptieren, daß ausgerechnet Ihr Kind legasthenisch ist. Warum Ihr Kind? Warum Sie?

Depression. Sie haben ein Kind, das nie normal sein wird.

Hinnahme/Resignation. Sie müssen damit weitermachen, die neue Situation zu bewältigen, Hilfe zu finden, aktiv zu werden.

Hoffnung. Sie fangen an zu glauben, daß vielleicht eine Möglichkeit besteht, Ihrem Kind beim Lernen zu helfen.

Eltern können auf einer dieser Stufen stehenbleiben oder zwischen verschiedenen Emotionen schwanken, was davon abhängt, wie ihr Kind sich an seine Lernbehinderung anpaßt. Später oder gleichzeitig können andere Emotionen auftauchen, und zwar:

Schuld. Sie glauben, daß Ihnen als Eltern irgendwie die Schuld an den Schwierigkeiten Ihres Kindes zuzuschreiben ist. Mütter können von der Sorge erfüllt sein, in der Schwangerschaft etwas getan zu haben, das sich nachteilig auf das Kind ausgewirkt hat. Es kann beinhalten, daß man sich als Eltern unzulänglich fühlt, ein solches schwieriges Kind aufzuziehen.

Verlegenheit/Scham/Unbeholfenheit. Sie wissen nicht, wie Sie Ihrer Familie oder Ihren Freunden die Behinderung Ihres Kindes beibringen sollen. Diese Emotion kann auch auf Ihr Kind gerichtet sein.

Wut oder Zorn. Diese Emotion kann sich auf Sie selbst oder auf »die anderen« richten – Schule, Psychologen, Eltern von nicht lernbehinderten Kindern. Sie kann sich sogar auf Ihr legasthenisches Kind richten.

Frustration. Sie kann durch viele verschiedene Dinge verursacht werden: Vielleicht können Sie keine klare Botschaft betreffend die Lernschwierigkeiten Ihres Kindes von seiten der Schule oder »Fachleuten« erhalten; vielleicht können Sie nicht die Hilfe und Anerkennung bekommen, die Ihr Kind braucht; oder Sie fühlen sich außerstande, Ihrem Kind zu helfen, wie sehr Sie sich auch bemühen, und es scheint mit Ihrem Bedürfnis zu helfen nicht kooperieren zu können.

Verzweiflung. Sie taucht auf, wenn die Frustration überwältigend wird und Sie keine Möglichkeit sehen können, daß es vorwärts geht.

Kummer. Sie trauern um das Kind, nach dem Sie sich gesehnt haben und das irgendwie verschwunden ist.

Mitleid. Sie können Mitleid für sich selbst oder für Ihr Kind oder für beide empfinden.

Groll. Er kann sich gegen Ihr Kind, Sie selbst, Ärzte, Lehrer und sogar andere Kinder, die nicht behindert sind, ob es nun Ihre eigenen oder fremde sind, richten.

Verrat. Die Hoffnungen, welche Sie auch immer für Ihr Kind, für sich und Ihre Familie hegten, wurden zerstört oder verweigert, und Sie fühlen sich berechtigt, anderen oder Ihrer bestimmten Situation die Schuld an den Gefühlen zu geben, die sich infolge unerfüllter Erwartungen einstellen.

Gefühle, ausgenutzt, emotional und/oder physisch mißbraucht zu werden. Auch diese hängen mit Ihrer Erwartung zusammen, wie Sie sich fühlen *sollten*, was nicht durch Ihre Erfahrung bestätigt oder unterstützt wird.

Angst. Sie kann sich als eine unbestimmte Furcht vor der Zukunft und davor, was mit Ihrem Kind passieren wird, manifestieren; Angst davor, nicht für Ihr Kind zu sorgen; Angst um Ihr Kind, das rebelliert und außer Kontrolle ist; Angst um Ihr Kind, das so frustriert ist, daß es sich oder andere verletzen könnte; Angst davor, die Verbindung mit einem Kind zu verlieren, das sich zurückzieht.

Abscheu. Vielleicht empfinden Sie Ekel über sich selbst, weil Sie kein normales Kind auf die Welt gebracht oder den Versuch aufgegeben haben, ihm zu helfen, oder über Ihr Kind, das alle Ihre hochgehaltenen Prinzipien und Überzeugungen in Frage stellt.

Traurigkeit. Manchmal können Sie einfach von Traurigkeit überwältigt werden, ohne daß ein bestimmter, offensichtlicher äußerer Grund vorliegt. Diese Emotionen sind oft sehr tief und müssen nicht unmittelbar mit Ihrem Kind und seinen Schwierigkeiten in Zusammenhang stehen, aber es kann irgendwie diese Gefühle in Ihnen auslösen, denen Sie hilflos ausgesetzt sind.

Einsamkeit. Sie haben das Gefühl, daß niemand da ist, an den Sie sich wenden können oder der Ihr Kind oder Ihre Situation als Eltern eines lernbehinderten Kindes verstehen kann.

Hilflosigkeit. Sie haben so lange alles versucht, und nichts funktioniert.

Panik. Sie wissen nicht, was Sie tun sollen, und werden unfähig, Entscheidungen zu treffen oder klar zu sehen.

Verletzung. Gefühle können leicht verletzt werden, wenn die Liebe und Fürsorge, die wir anbieten, geleugnet, ignoriert oder abgelehnt werden. Im Zusammenleben mit anderen ist es fast unvermeidlich, daß wir verletzt werden und emotionalen Schmerz empfinden. Der Versuch, es zu vermeiden, verletzt zu werden, nützt nichts und kann die Kommunikation mit Ihrem Kind und anderen Familienangehörigen sogar noch schwieriger gestalten. Die Herausforderung liegt darin, einen Weg zu finden, um damit leben zu können, verletzt zu werden und liebevoll zu bleiben, ohne sich zurückzuziehen.

Obwohl ich als erstes all die negativen Emotionen angeführt habe, werden auch positive Emotionen empfunden. Es ist sehr wichtig, sie zu erkennen und zu bestätigen und andere Menschen zu finden, die diese Emotionen mit Ihnen teilen und es Ihnen ermöglichen, sie zum Ausdruck zu bringen.

Tiefe Liebe und Akzeptanz. Manchmal ist es schwieriger, diese beiden Gefühle auszudrücken als all die anderen, besonders wenn Sie sich von dem, was passiert ist, verletzt und deprimiert fühlen.

Stolz und Freude. Sie sehen, daß Ihr Kind seine Schwierigkeiten überwindet oder seine Beschränkungen akzeptiert, ohne Selbstmitleid zu empfinden. Sie können seine Leistungen mit ihm feiern. Sie akzeptieren, daß die Legasthenie kein großes Problem ist, sondern vielmehr einfach etwas, das man in den Griff bekommen muß.

Machen Sie Gebrauch von der oben angeführten Checkliste, indem Sie:

- herausfinden, welche Emotionen auf Sie zutreffen.
- versuchen, mit Hilfe einer Vertrauensperson präziser zum Ausdruck zu bringen, wie Sie diese Emotionen erfahren.
- darauf achten, wie diese Emotionen Ihr Leben, die anderen Mitglieder Ihrer Familie und Ihre Einstellungen beeinflussen.

Weitere Schritte

Falls Sie sich in der Lage fühlen, die oben angeführten drei Schritte in Angriff zu nehmen, möchten Sie vielleicht noch weitergehen und zum Ausdruck bringen, wie Sie über die Behinderung selbst denken.

Das erfordert eine weitaus konkretere Beschreibung, und vielleicht fühlen Sie sich dazu augenblicklich nicht fähig oder bereit. Im Umgang mit Gefühlen in bezug auf die Behinderung Ihres Kindes ist es hilfreich, die folgende wichtige Unterscheidung zu verstehen: Ihre Gefühle über die *Behinderung* Ihres Kindes sind nicht dasselbe wie Ihre Gefühle gegenüber Ihrem Kind. Sobald Sie diese Unterscheidung vorgenommen haben, werden oft die Emotionen freigesetzt, die Sie vielleicht zurückgehalten haben, weil Sie sie nicht für akzeptabel hielten.

Es gibt noch einen emotionalen Bereich, der erkannt und angenommen werden muß. Diese Emotionen sind in mancher Hinsicht noch schwieriger ans Licht zu bringen und zu betrachten, weil sie nicht unmittelbar mit dem Kind zu tun haben, sondern speziell mit den Eltern in Zusammenhang stehen. Falls Sie selbst Probleme in der Schule hatten und in irgendeiner Form lernbehindert waren, können alle damit verbundenen Emotionen aus der Vergangenheit reaktiviert werden, wenn Sie erleben, daß Ihr Kind ähnliche Erfahrungen durchmacht. Vielleicht haben Sie sich sehr bemüht, schmerzliche Kindheitserinnerungen zu verdrängen, und wollen nicht, daß diese alten Wunden sich wieder öffnen.

Wenn Sie zwischen der Sorge für ein lernbehindertes Kind und dem Bedürfnis, Ihre alten, mit Lernen verknüpften Traumata zu vergessen, hin- und hergerissen sind, kann das einen Konflikt hervorrufen. Und ein solcher Konflikt kann dazu führen, daß Sie die Schwierigkeiten Ihres Kindes leugnen wollen, einfach weil sie Sie zu stark an Ihr eigenes Leiden in der Kindheit erinnern.

Damit will ich keineswegs zu verstehen geben, daß Sie Ihrem Kind erst helfen können, wenn Sie alle Ihre Emotionen offenbart und voll und ganz ausgedrückt haben. Sicherlich trifft es nicht zu, daß Sie erst diese emotionale Bestandsaufnahme machen müssen, bevor Sie Ihrem Kind bei seinen Schwierigkeiten helfen können. Aber ich bin der Meinung, daß es nützlich ist, sich der Emotionen bewußt zu sein, die mit der Behinderung Ihres Kindes in Zusammenhang stehen – oder mit einer Behinderung, die Sie vielleicht selbst haben oder hatten; andernfalls können diese Emotionen die Hilfe, die Sie zu geben imstande sind, beeinträchtigen.

Als letztes Argument soll hier ins Feld geführt werden, daß legasthenische Kinder auf die Emotionen und Gefühle anderer Menschen äußerst empfindlich reagieren. Sie werden Ihnen oft sagen können, was Sie empfinden, bevor Sie sich selbst dessen bewußt geworden sind!

Es ist interessant, einen Augenblick darüber nachzudenken, warum Legastheniker in andere Menschen so gut »hineinsehen« können. Auf ihre Fähigkeit, in Bildern zu denken, und ihr außerordentlich waches Gespür dafür, was in der Umgebung um sie herum vor sich geht, werde ich später in diesem Buch eingehen, aber die Kombination dieser zwei Begabungen erzeugt die unheimliche Fähigkeit zu wissen, was ein anderer fühlt.

Wenn eine Person in Bildern denkt, läuft in ihrem Kopf nur sehr wenig verbalisierte Unterhaltung ab. Das bedeutet, sie ist von verbal-neutralen Deutungen und Urteilen oder den Äußerungen eines anderen nicht so abgelenkt. Statt dessen erfaßt sie den anderen in einem Bild als etwas. Das Bild, das sie sieht, unterscheidet sich oft von den Worten, die ein anderer von sich gibt – als Legastheniker neigt sie dazu, nichtverbale Kommunikation leichter zu verstehen, und verläßt sich darauf viel stärker als jemand, dem der Umgang mit Wörtern leichterfällt. Außerdem ist sie sich der Signale und Botschaften aus der Umgebung, die nicht durch Wörter gefiltert werden, in hohem Maße bewußt. Hinzu kommt, daß bildhaftes Denken sehr schnell vonstatten geht, viel schneller als Wörter. Ein Legastheniker wird also wissen, was Sie zu sagen im Begriff sind, bevor Sie es ausgesprochen haben, und Ihnen mitteilen, was Sie fühlen, bevor Sie Zeit hatten, es in Worte zu fassen.

In Anbetracht dieser Sachlage ist es um so wichtiger, daß Sie sich über Ihre Gefühle im klaren sind und das, was Sie Ihrem Kind mitteilen, klar ist und mit Ihren Emotionen so gut wie möglich übereinstimmt. Es ist viel besser, wenn Sie Ihrem Kind sagen, was Sie fühlen, anstatt zu versuchen, Ihre Gefühle hinter einer oberflächlicheren Botschaft zu verbergen.

Legasthenische Kinder sind durch Verwirrung gestört. Wie Sie später in diesem Buch lesen werden, ist Verwirrung einer der wichtigsten Faktoren, die zu den Symptomen der Legasthenie beitragen. Einfacher ausgedrückt, die Legastheniesymptome resultieren teilweise aus dem erfolglosen Versuch eines legasthenischen Kindes, Verwirrung in seiner Umgebung aufzulösen. Widersprüchliche Botschaften und Zeichen von einer wichtigen Bezugsperson wie einem Elternteil führen dazu, daß ein Kind sich der Vorgänge in seiner emotionalen Umgebung nicht sicher ist. Das wird bei einem legasthenischen Kind eine Reaktion verursachen, die seine Symptome verschlimmern kann.

Einen Handlungsplan aufstellen

Jede Situation, in der ein Kind eine Behinderung hat und nicht länger ein »normales« Kind ist, bringt ihre eigenen Anforderungen und Änderungen mit sich. Manchmal können Emotionen einer guten Entscheidung in die Quere kommen. Die Bedürfnisse des Kindes können von starken Gefühlen der Eltern verdeckt werden. Es kann passieren, daß Eltern etwas für ihr Kind tun wollen, aber nicht in dem Sinn, daß sie ihrem Kind bei seiner Lernbehinderung helfen, sondern vielmehr als Reaktion darauf, was *sie* fühlen.

Weil Emotionen eine solch wichtige Rolle bei der Hilfe spielen, die Sie Ihrem legasthenischen Kind zukommen lassen, muß ein konkreter Plan entwickelt werden, der realistisch ist. Objektive Unterstützung durch eine Person, die nicht direkt in Ihre familiäre Situation involviert ist, ist in diesen Augenblicken immer sehr willkommen. Ihr Handlungsplan sollte die folgenden Aspekte einbeziehen:

- Hilfe, die Sie Ihrem Kind geben können
- Hilfe, die Sie sich selbst geben können
- Hilfe, um die Sie Fachleute in der Legastheniebehandlung ersuchen können

Der folgende Abschnitt über konventionelle Therapiemöglichkeiten für Legasthenie versteht sich keineswegs als umfassend, sondern behandelt vielmehr Beispiele für verschiedene Therapierichtungen, die aus den vielen vorhandenen Möglichkeiten ausgewählt wurden. Mit dieser Auswahl soll Ihnen eine Vorstellung davon vermittelt werden, wie eine bestimmte Methode einzuschätzen ist, auf die Sie bei Ihrer Suche nach Hilfe für Ihr Kind stoßen.

Therapiemöglichkeiten

Eine Behandlungsmethode wählen

Bevor Sie sich für eine Behandlungsmethode für Ihr Kind entscheiden, sollten Sie die folgenden Faktoren in Betracht ziehen:

- Was sind die Ziele dieser Therapie? Wird für die Behandlung ein festgelegter Zeitraum veranschlagt, oder ist sie zeitlich unbegrenzt?
- Was wird die Behandlung kosten? Dabei muß der finanzielle und zeitliche Aufwand berücksichtigt werden. Wenn ein Behandlungsverfahren eine Familie finanziell zu stark belastet, wird das legasthenische Kind einem zusätzlichen, oft unbewußten Erwartungsdruck ausgesetzt. Es wird spüren, daß es Fortschritte machen und sich verbessern muß, um die Kosten zu rechtfertigen. Wenn einem Kind eine Behandlung nicht uneingeschränkt und bedingungslos gegeben werden kann, ist es unter Umständen sinnvoller, sie erst gar nicht anzufangen. Damit soll nicht gesagt werden, daß zwischen Kind und Eltern keine Ziele vereinbart werden können, aber sehr oft können die versteckten Erwartungen der Eltern jede Aussicht auf eine Behandlung, die dem Kind hilft, eben aufgrund des Erfolgszwangs, den es spürt, sabotieren.
- Wie lautet die Prognose, wenn die Behandlung nicht durchgeführt wird? Es ist immer nützlich, die Vor- und Nachteile abzuwägen, ob eine Behandlung eingeleitet werden soll oder nicht. Versuchen Sie, sich keine Maßnahmen aufdrängen zu lassen, weil Sie sich verpflichtet fühlen, den Erwartungen und Forderungen eines anderen nachzukommen. Das trifft besonders zu, wenn Eltern ihr Kind wegen seiner Legasthenie medikamentös behandeln lassen sollen.
- Wie sieht es mit der Verfügbarkeit von speziell ausgebildeten Therapeuten oder Förderlehrern aus? Und ist die Schule des Kindes bereit, es für die Sitzungen vom Unterricht zu befreien? Einige Behandlungsarten erfordern außerdem Nachfolge-Unterstützung und Beiträge von seiten der Lehrer oder Eltern. Ist die Schule zur Kooperation be-

reit? Falls es nicht möglich ist, diese Unterstützung zu arrangieren oder aufrechtzuerhalten, denken Sie über die sich daraus ergebenden Folgen sehr sorgfältig nach, bevor Sie eine Behandlung einleiten.
- Wie erfolgreich war die Behandlung bei anderen?

Bevor eine Behandlung angefangen wird

Informieren Sie sich so gut wie möglich über die erwarteten Ergebnisse jeder Behandlungsart – nach welchen Kriterien werden die Ergebnisse beurteilt, und welche zeitliche Verpflichtung ist erforderlich, um sie zu erreichen? Und überzeugen Sie sich davon, daß Sie über alle anderen Bedingungen Bescheid wissen, die erfüllt sein müssen. Diese Recherchen sind besonders nützlich, weil immer mehr neue Methoden zur Legastheniebehandlung angeboten werden.

Falls es überhaupt möglich ist, holen Sie Referenzen über jede Person ein, die eine neue Therapieform anbietet. Besuchen Sie die Therapeutin oder den Therapeuten, um die Bedürfnisse Ihres Kindes zu besprechen, bevor Sie irgendwelche langfristigen zeitlichen und finanziellen Verpflichtungen eingehen.

Es ist keine schlechte Idee, um eine Liste von Referenzen der Klienten zu bitten, die bereits mit dieser Methode behandelt wurden. Wenn Sie sich mit ihnen in Verbindung setzen und mit Ihnen reden können, werden Sie Hinweise darauf erhalten, welche Ergebnisse zu erwarten sind und welche Anforderungen diese bestimmte Behandlungsform an Ihr Kind stellen wird. Wenn ein Therapeut nicht in der Lage ist, Ihnen Referenzen anzugeben, seien Sie vorsichtig, bevor Sie Zeit und Geld in seine Dienste investieren.

Eine Behandlungsform einschätzen

Wenn eine Behandlungsform beurteilt werden soll, sind immer zwei Maßstäbe heranzuziehen. Der eine ist die »Beseitigung von Symptomen« und der andere die »Beseitigung der Ursache«. Eine Behandlung, die sehr erfolgreich bei der Symptombeseitigung ist, kann sich tatsächlich als fruchtlos erweisen, wenn es um die Ursache der Symptome geht.

Um also eine Form der Legasthenietherapie beurteilen zu können, sollte man sich als erstes die Frage stellen: »Um welche Art Behandlung handelt es sich? Geht es darum, die Symptome oder die Ursache zu beseitigen?« Es leuchtet ein, daß es immer günstiger ist, eine Ursache zu beheben als nur die Symptome, während die Ursache bestehen bleibt. Jede Therapie, die an der Ursache von Legasthenie arbeitet, wird folglich höher eingeschätzt werden als eine, die sich nur auf die Symptome konzentriert.

Innerhalb der Therapieansätze, die auf die Ursachenbeseitigung abzielen, kann ein weiterer Leitfaden herangezogen werden, um zu einer Einschätzung zu gelangen: Man kann zwischen Behandlungsmethoden unterscheiden, die sich mit einer einzigen Ursache beschäftigen, und denen, die viele mögliche Ursachen einbeziehen. Diese entgegengesetzten Ansätze stimmen annähernd mit den zwei verschiedenen Sichtweisen überein, wie Dinge in unserem Leben funktionieren.

Die eine Sichtweise gibt zu verstehen, daß sich unser Leben aus einem komplizierten Gewebe mit ineinander verschlungenen Mustern von Ursache und Wirkung und vielen Ebenen der Vielschichtigkeit zusammensetzt. Diese Sichtweise wird oft mit der sogenannten »östlichen« oder holistischen Weltanschauung assoziiert. Die andere Sichtweise betont, daß alles, was uns zustößt, als mechanische Angelegenheit erklärt werden kann, an der verschiedene, nicht miteinander zusammenhängende Aspekte beteiligt sind, die wiederum eigenständig und unabhängig voneinander existieren, aber gelegentlich miteinander interagieren. Dies ist die »westliche« oder wissenschaftliche, reduktionistische, materialistische Sichtweise.

Einige Behandlungsarten, die die Ursache der Legasthenie beseitigen wollen, sind sehr spezifisch und konzentrieren sich auf eine bestimmte Funktion oder ein bestimmtes Organ im Körper des Kindes. Andere Methoden versuchen, eine große Auswahl von Variablen zu berücksichtigen, die zu den Symptomen eines Kindes beitragen können. Bekanntlich weist jedes legasthenische Kind seine eigenen Symptome auf, es besteht also kein einheitliches Erscheinungsbild der Legasthenie. Das heißt, daß eine Reihe verschiedener Ursachen jederzeit am Werk sein kann, um einen Symptomkomplex hervorzubringen.

Jede Therapie, die eine ganze Bandbreite von möglichen Ursachen zu berücksichtigen vermag, ist wahrscheinlich effektiver als eine, die sich nur auf eine Ursache konzentriert. Eine holistische Behandlung, die das ganze Leben eines Kindes einbezieht, würde daher höher eingeschätzt werden.

Kompatibilität unterschiedlicher Behandlungsmethoden

Viele Eltern fragen sich, ob es möglich ist, daß ihr legasthenisches Kind von mehreren unterschiedlichen Therapieangeboten gleichzeitig Gebrauch macht. Sie wollen wissen, ob eine Behandlungsmethode die von einer anderen Methode angestrebten Erfolge beeinträchtigen kann. Dafür gelten die folgenden allgemeinen Richtlinien.

1. Konzentriert sich die Behandlung Ihres Kindes auf seine legasthenischen *Symptome*, wird wahrscheinlich ein auf seine speziellen Bedürfnisse zugeschnittener Einzelunterricht (*Individualized Education Programme* [IEP]) erarbeitet (für eine ausführliche Erläuterung dieser Unterrichtsform siehe Seite 58–61). Gewöhnlich beruhen diese Programme in hohem Maße auf bestimmten Trainingsmustern und -techniken. Wenn ein Kind von einer Form von Einzelunterricht zu einer anderen wechselt, die mit unterschiedlichen Trainingsmustern arbeitet, kann es von den neuen und widersprüchlichen Anweisungen verwirrt werden.
2. Jede Behandlungsmethode, die auf die Korrektur einer bestimmten *Ursache* von Legastheniesymptomen hinzielt, könnte eine günstige Wirkung auf jedes Trainingsprogramm zur Behebung legasthenischer *Symptome* haben. Der Grund liegt darin, daß die meisten Therapieformen, die an bestimmten Ursachen für Legasthenie arbeiten, versuchen, Behinderungen in der Fähigkeit des Kindes zu beseitigen, wie Informationen zu empfangen, zu verarbeiten und sie schriftlich oder mündlich zu wiederholen. Während diese Behinderungen behoben werden, würde ein symptomorientiertes Trainingsprogramm durch diese Funktionsverbesserung gefördert werden.
3. Wenn bei einem Kind die Ursache der Legasthenie behandelt wird, sollte nach der Therapie immer ein Zeitraum zugebilligt werden, damit ihre Wirkungen greifen und Früchte tragen und sich der Körper

und die Sinne des Kindes neu orientieren und neu anpassen können. Wird eine andere Behandlungsmethode zu früh begonnen oder fällt sie zeitlich mit der ersten zusammen, können die heilsamen Wirkungen beider Therapien beeinträchtigt werden.

4. Wenn ein Kind sich zu schnell anpassen und umstellen muß oder wenn zu viele Einflüsse und Veränderungen zugleich auf es einwirken, besteht die Gefahr, daß das Kind sich einfach gegen jede Behandlungsmethode wehrt. Das ist seine Art und Weise, sich vor den überwältigenden Anforderungen zu schützen.

Symptomorientierte Behandlungsmethoden

Im allgemeinen umfaßt eine symptomorientierte Legastheniebehandlung die folgenden Schritte:

- Die aktuellen Symptome einschätzen.
- Ein Trainingsprogramm erarbeiten, um einem Kind zu helfen, sich an die spezifischen Schwierigkeiten, die es entweder schriftlich oder mündlich in den verschiedenen Prozessen der Sprach- und Symbolbeherrschung aufweist, anzupassen, sie auszugleichen und/oder zu überwinden.
- Im Laufe der Behandlung in gewissen Zeitabständen Neueinschätzungen durchführen, um das Nachlassen der Symptome zu beurteilen.

Einzelunterricht (Individualized Education Programmes [IEP])

Diese Form von Trainingsprogrammen wird im allgemeinen als »Einzelunterricht« bezeichnet. Man findet sie am häufigsten in speziellen Unterrichtsprogrammen, die von Schulen, höheren Lehranstalten und Privatlehrern angeboten werden. Nach Einschätzung der Stärken und Schwächen eines Kindes wird der Legasthenie-Lehrer einen speziell zugeschnittenen Unterricht entwerfen, der die jeweiligen, vom Kind zu entwickelnden Fertigkeiten sowie angemessene, auf seine Stärken bauende Lernaktivitäten berücksichtigt. Viele wirksame Lernaktivitäten greifen auf verschiedene Fertigkeiten und Sinne zurück. Wenn der Schüler zum Beispiel lernt, Wörter zu buchstabieren und wiederzuerkennen, wird er aufgefordert, jedes neue Wort zu sehen, zu sprechen, zu schreiben und zu buchstabieren.

Lehrer für diesen Spezialunterricht identifizieren außerdem sowohl die Arten von Aufgaben, die das Kind durchzuführen vermag, als auch die Sinne, die gut funktionieren. Dadurch, daß die intakten Sinne eingesetzt und die Behinderungen umgangen werden, können viele Kinder die von ihnen verlangten Fertigkeiten entwickeln. Diese »speziellen Fördertechniken«, wie sie manchmal auch genannt werden, sind so bekannt und verschiedenartig, daß man sie unmöglich alle im einzelnen beschreiben kann.

Die Orton-Gillingham-Methode

Ein Name, der oft mit solchen Trainingsprogrammen in Verbindung gebracht wird, ist die Orton-Gillingham Academy. Sie bezeichnet ihre Methode als sprachbasiertes, multisensorisches, strukturiertes, aufeinanderfolgendes, kumulatives, kognitives und flexibles Programm. Weil es sich bei diesem Ansatz eher um eine Philosophie der Legastheniebehandlung als um ein System handelt, wird er an viele verschiedene Formen angepaßt.

Damit Sie sich besser vorstellen können, was im Rahmen solcher Fördermaßnahmen unternommen wird, führe ich im folgenden zwei Beispiele an.

Leseförderunterricht

Das ist ein Beispiel für ein einfaches Förderprogramm für Kinder, die im Lesen zurückgeblieben sind. Es umfaßt die folgenden Schritte:

- wiederholtes Lesen von zwei oder mehr bekannten Büchern
- unabhängiges Lesen des Buches vom Vortag, während dessen der Lehrer ein fortlaufendes Protokoll führt oder eine Fehleranalyse vornimmt
- gegebenenfalls Buchstabenidentifizierung
- eine Geschichte schreiben, die das Kind sich ausgedacht hat

- eine Geschichte wieder zusammensetzen, indem Teile eines Textes ausgeschnitten und auf Karten aufgeklebt werden
- das Kind mit einer neuen Geschichte bekannt machen
- ein neues Buch lesen

Logopädie (Sprachtherapie)

Die Therapie für Sprachstörungen konzentriert sich darauf, eine anregende, aber strukturierte Umgebung zum Hören und Üben von Sprachmustern bereitzustellen. So kann der Therapeut einem Kind, das an einer Artikulationsstörung leidet, helfen, bestimmte Sprachlaute zu erzeugen. Während einer für das Kind interessanten Aktivität spricht der Therapeut vielleicht über die Spielsachen und ermuntert daraufhin das Kind, dieselben Laute oder Wörter zu verwenden. Außerdem kann das Kind beobachten, wie der Therapeut den Laut erzeugt, es spürt die Vibration in seiner Kehle und übt sich dann darin, die Laute vor einem Spiegel nachzuahmen.

Bei einigen Sprachstörungen scheint das Gehirn bei der Verarbeitung von verbalen Informationen abnorm langsam zu sein. Wissenschaftler untersuchen, ob Sprachprogramme für den Computer helfen können, Kindern beizubringen, gesprochene Laute schneller zu verarbeiten. Der Computer spricht zuerst jeweils einen Laut ganz langsam aus. Wenn das Kind darin geübt ist, die Laute zu erkennen und sie als Wörter zu hören, werden sie nach und nach schneller angeboten, bis eine normale Sprechgeschwindigkeit erreicht wird.

Die Ergebnisse, die durch diese Fördertechniken erzielt werden, sind so unterschiedlich wie die Techniken selbst. Eine bedeutende Rolle beim Erfolg dieser Programme spielt oft der Lehrer oder Therapeut, der das Programm anbietet. Die Lehrer-Schüler-Beziehung hat oft eine größere Wirkung auf die Fortschritte eines Kindes als die bestimmte Technik, die zur Anwendung kommt.

Diese Behandlungsmethoden sind darauf angelegt, legasthenische Symptome zu verringern, indem andere Symptome hervorgerufen werden. Die eigentliche Ursache der Symptome wird nicht unbedingt angesprochen. Für diese Form der Legastheniebehandlung sind vor allem Übung, Wiederholung und der Einsatz der Fertigkeiten des Kindes in anderen Bereichen kennzeichnend.

Auf eine andere Form der Behandlung, die auf die Beseitigung der Symptome hinzielt – die medikamentöse Behandlung – werden wir später eingehen (siehe Seite 76–78).

Ursachenorientierte Behandlungsmethoden

In diesem Abschnitt werden die Behandlungsmethoden aufgeführt, die versuchen, die Ursache von legasthenischen Symptomen in den Griff zu bekommen. Gewöhnlich wird eine bestimmte Ursache ausgewählt und die Behandlung um diese eine Ursache herum angelegt. Die hier vorgestellten Methoden sind der Funktion entsprechend angeordnet, die als die Ursache für die Legastheniesymptome bestimmt wurde.

Funktionelle Ursachen

Behandlungsformen bei visuellen Dysfunktionen

Verhaltensoptometrie

Damit ist eine spezielle Form der Optometrie gemeint, der Wissenschaft vom Sehen und von den Fehlsichtigkeiten und deren Korrektur. Hierbei werden umfassendere Augentests durchgeführt als in der normalen Optometrie, und oft sind kinesiologische Muskeltests Bestandteil der Einschätzung. Die Verhaltensoptometrie ermöglicht die Feststellung bestimmter Unausgeglichenheiten in den Augenmuskeln. Legasthenische Kinder haben bedeutend mehr Schwierigkeiten mit dieser Behinderung, die oft als »Blickrichtungs-Streß« (*Visual Directional Stress*) bezeichnet wird. Dem Kind fällt es schwer, die Augen zu drehen, und es bewegt zum Ausgleich den Kopf oder den ganzen Körper. Das wirkt sich negativ auf Lese- und Schreibfähigkeiten aus.

Visuelles Wahrnehmungstraining (Visual perceptual training)

Diese Form der Sehtherapie zur Korrektur von Unausgeglichenheiten der Augenmuskeln basiert auf der Idee, daß visuelle Fertigkeiten gelernt und folglich trainierbar sind. Das Kind wird in Übungen eingewiesen, die den Gebrauch seiner Augenmuskeln und Wahrnehmungsfertigkeiten verbessern. Auf diese Weise lernt es, sein visuelles System auf eine effizientere Weise einzusetzen. Das wiederum erleichtert das Lernen, da es ihm hilft, Informationen leichter zu empfangen, zu verarbeiten und zu verstehen.

Irlen-Farbgläser

Bei dieser Therapieform erhält das lernbehinderte Kind eine Brille mit farbig getönten Gläsern, die speziell für seine besonderen Bedürfnisse ausgewählt werden. Diese Farbtherapie basiert auf Helen Irlens Ideen über die Lichtempfindlichkeit (*scoptic sensitivity syndrome*)#. Ihrer Ansicht nach hängt die Empfindlichkeit für Vollspektrum-Licht mit einem strukturellen Hirndefizit zusammen, wodurch die an das Gehirn gesendeten Signale inadäquat verarbeitet werden und Wahrnehmungsprobleme erzeugen. Daher wird Vollspektrum-Licht verzerrt, das vom Gehirn wahrgenommen und verarbeitet wird.

Spektralmodifikation mit Hilfe der Irlen-Farbfolien setzt gewisse Farben des Vollspektrum-Lichtes auf das Mindestmaß herab oder entfernt sie. Aus Untersuchungen geht hervor, daß sich bei Personen, die Irlen-Farbfolien verwenden, Lesegeschwindigkeit, Redegewandtheit, Wohlergehen, Verständnis und Aufmerksamkeitsspanne verbessern können, während gleichzeitig Anspannung, Ermüdung und das Bedürfnis nach häufigen Pausen reduziert werden.

Lichtwellen-Stimulation (Lightwave stimulation)

Dieses neuro-sensorische Entwicklungsprogramm verbessert die Fähigkeit, Lichtenergie zu absorbieren, so daß das Gehirn effizienter funktionieren kann. Es dient ebenfalls zur Behandlung der Lichtempfindlichkeit. Zuerst wird das visuelle Wahrnehmungsfeld des Kindes untersucht, das heißt wieviel Licht es von der natürlichen Umgebung absorbieren kann. Die Behandlung selbst findet in einem verdunkelten Raum statt, in dem es sitzt, Musik hört und dabei gewisse Frequenzen farbigen Lichtes betrachtet, die auf dieses Kind wahrscheinlich eine günstige Wirkung haben.

Bei Kindern wurden nach dieser Behandlung Verbesserungen in ihren Lern- und Organisationsfähigkeiten verzeichnet sowie eine Verringerung von Streß und Anspannung, die andere Legastheniesymptome verschlimmern können.

Visualisierung und Verbalisierung für das Sprachverständnis und Denkprogramm (Visualizing and Verbalizing for Language Comprehension and Thinking Programme) – die Lindamood-Bell-Methode

Dieses Programm ist auf die Behandlung einer Störung der gegenseitigen Zuordnung von Bildern und Begriffen (»Concept Imagery Disorder«) zugeschnitten. Kinder, die an dieser Störung leiden, sind schwach im Leseverständnis und im Sprechen; sie haben Schwierigkeiten, mündlichen Anweisungen zu folgen, Probleme zu lösen und sowohl mündliche als auch schriftliche Sprache zu verarbeiten. Die Fähigkeit eines Kindes zu verstehen, was es liest, wird direkt von geistigen Bildern beeinflußt – oder dem Fehlen geistiger Bilder. Bei diesem Programm geht es darum, geistige Bilder zu entwickeln, indem man mit einem Wort beginnt und dann einen Satz nach dem anderen bis hin zu ganzen Absätzen und Seiten aufbaut. Mit Hilfe dieser Bilder erschafft das Kind eine umfassende Vorstellung von der Sprache, die wiederum seine Interpretationsfertigkeiten fördert. Es wird darin unterstützt, die Bilder mit Hilfe von »Strukturwörtern«, wie zum Beispiel Größe, Farbe, Anzahl, Bedeutung und Hintergrund, in Wörter umzusetzen. Diese Form der Förderung wird als Einzelbehandlung angeboten.

Behandlungsformen bei auditiven Dysfunktionen

Hör-Sensibilisierungs-Verfahren (Auditory Discrimination in Depth [ADD]) die Lindamood-Bell-Methode

Dieses Programm basiert auf der Idee, daß grundlegende Lesestörungen von einer unvollständig entwickelten auditiv-begrifflichen Funktion herrühren. Diese auditive Funktion oder Fähigkeit, Laute in gesprochenen Wörtern zu vergleichen und in eine Reihenfolge zu bringen, wird auch »Segmentierung von Phonemen« oder »phonologisches Bewußtsein« genannt.

Wenn man nicht die natürliche Fähigkeit besitzt, Laute zu Wörtern zu verarbeiten, muß die Bewußtheit der phonemischen Struktur auf direkte und systematische Weise entwickelt werden. Das Programm beginnt damit, daß die drei Sinne Hören, Sehen und Tasten integriert werden, um Laute zu erforschen: wie sie erzeugt werden, wie sie sich miteinander vergleichen lassen und wie sie kategorisiert werden können. Schüler können diese drei Sinne einsetzen, um Gleichartigkeit, Anzahl und Reihenfolge von Lauten in Silben wahrzunehmen, und erlernen auf diese Weise genaue phonetische Dekodier- und Kodierfähigkeiten.

Das Programm kann auch zur Vorbeugung von Lesestörungen bei Grundschulkindern angewendet werden. Es wurde festgestellt, daß auditive begriffliche Stimulation als Einleitung zum Leserechtschreibprozeß die Entwicklung dieser Fähigkeiten beschleunigt und Behinderungen abwendet.

Auditives Integrationstraining (Auditory Integration Training [AIT])

Das eigentliche Problem bei vielen Kindern, die an Lernbehinderungen, Aufmerksamkeitsstörungen und Hyperaktivität leiden, liegt oft in der Beeinträchtigung der auditiven Verarbeitung. Weil ihr Gehirn Informationen anders oder langsamer interpretiert, speichert und ins Gedächtnis zurückruft, haben sie Probleme, die Welt um sich herum zu verstehen. Das auditive Integrationstraining hat sich bei dem grundlegenden Problem der Lautverarbeitung als hilfreich erwiesen. Indem man Musik über Kopfhörer hört (die durch ein spezielles Gerät, das sogenannte Audiokinetron, verarbeitet wird), kann das auditive System praktisch neu programmiert werden. Dieses Gerät reguliert die Musik dadurch, daß die Frequenzen (niedrig und hoch), die Dauer der Töne (lang und kurz) und die Lautstärke (laut und leise) im Rahmen erträglicher Grenzen willkürlich geändert werden. Das Training umfaßt täglich zwei dreißigminütige Sitzungen für die Dauer von zehn Tagen.

Tomatis-Methode/Hörtraining

Der Tomatis-Theorie zufolge ist das Gleichgewicht zwischen beiden Gehirnhälften von grundlegender Bedeutung bei der Überwindung von Legasthenie. Beide Gehirnhälften spielen bei der Sprachverarbeitung in unterschiedlicher Weise eine Rolle. Das Auge muß sich mit der Kraft und Qualität des Ohres verbinden, um einen Sinn in geschriebenen Lauten zu erkennen. Diese Koordination geht mühelos vonstatten, wenn die linke Gehirnhälfte sich in erster Linie mit dem Gehör und die rechte Gehirnhälfte mit dem Sehsinn beschäftigt. Bei der Legasthenie ist der Weg, der eine Klanganalyse ermöglicht, beschädigt. Das Hörtraining stellt die Funktion dieses Weges wieder her und beseitigt die Ursache des Problems. Dabei wird das Ohr stimuliert und trainiert, ihm wird beigebracht, Laute auf effiziente Weise zu empfangen und zu interpretieren. Musik ist eine hochorganisierte Klangfolge, die das Ohr analysieren muß. Folglich ist Musikhören eine hervorragende Methode, mit der das Kind lernen kann, Töne auf organisierte Weise wahrzunehmen, oder anders ausgedrückt, ihnen zuzuhören. Dabei sind die Musikwiedergaben, die bei diesem Hörtraining verwendet werden, alle so eingerichtet, daß das rechte Ohr sie mit größerer Lautstärke empfängt und dadurch geschult wird, die Führung zu übernehmen. Wenn diese rechtsohrige Dominanz erreicht ist, wird das Problem der Umkehrung verschwinden.

Die oben dargestellten Behandlungsmethoden konzentrieren sich auf spezifische Funktionen des Gehirns und der Sinnesorgane, die die Aufnahme und Verarbeitung von Informationen betreffen. Sie beinhalten die Umschulung dieser Funktionen und bezwecken, die Legastheniesymptome zu reduzieren. Die eigentliche Ursache der Dysfunktion wird in diesen Therapieformen nicht angegangen, aber es wird angenommen, daß es sich bei ihr um eine »Funktionsstörung« oder verzögerte oder unterbrochene Entwicklung in einem bestimmten Sinnesorgan oder einer bestimmten Hirnfunktion handelt. Demgemäß kann die Grundursache für die Dysfunktion mit diesen Methoden nicht beseitigt werden.

Eine andere Behandlungsmethode bei auditiven Störungen benutzt die Verordnung von Medikamenten.

Levinson-Therapie

Den Theorien von Dr. Levinson zufolge ist Legasthenie auf eine Funktionsstörung des Innenohrs zurückzuführen. Bekanntlich helfen Medikamente gegen Reisekrankheit, die Fähigkeit des Innenohrs zu stärken, Bewegungsmeldungen an das Ohr mit dem resultierenden Gleichgewichtssinn zu koordinieren. Laut Dr. Levinson können diese Medikamente ebenfalls die Fähigkeit des Innenohrsystems verbessern, den gesamten Wahrnehmungsinput fein abzustimmen und zu verarbeiten.

Durch die Einnahme dieser Medikamente werden tatsächlich eine ganze Reihe von Legastheniesymptomen reduziert. Zunächst ist die therapeutische Wirkung sehr gut, aber schließlich läßt sie nach und erschöpft sich sofort nach Absetzen des benutzten Mittels. Wird dann zu einem anderen Medikament gewechselt, kann zunächst wieder eine positive Reaktion verzeichnet werden.

Zu den Medikamenten, die in einer solchen Legasthenietherapie eingesetzt werden, zählen Mittel gegen Reisekrankheit, Antihistamine, Stimulanzien, Antidepressiva und Vitamine.

Bei dieser Form von Behandlung wird eines der Sinnesorgane als die Ursache der legasthenischen Symptome bestimmt. Dem eigentlichen Grund, warum sich das Innenohr bei Legasthenikern derart verhält, wird keine Beachtung geschenkt. Tatsächlich führen die Medikamente, die eingesetzt werden, um das Verhalten des Innenohrs zu beeinflussen, nicht dazu, die wirkliche Ursache für die Innenohrdysfunktion zu beseitigen.

Physische Ursachen

Behandlungsmethoden für spezielle Körperstrukturen oder Organe

Die folgenden manipulativen Therapien lassen eine günstige Wirkung auf einige legasthenische Symptome erkennen. Ihnen liegt im allgemeinen die folgende Hypothese zugrunde: Wenn ein Kind in bestimmten Bereichen seines Körpers aus dem Gleichgewicht ist, wirkt sich das negativ auf seine Energie sowie auf seine Fähigkeit aus, aufmerksam zu sein und wie ein normales Kind zu »funktionieren«.

Chiropraktik

Wie alle Organe im Körper wird auch unser Gehirn über Nervenbahnen versorgt, die seine Aktivitäten kontrollieren und koordinieren. Die vom oberen Nackenbereich ausgehenden Nervenbahnen können unterbrochen sein, wenn die Knochen der Wirbelsäule verschoben sind (*vertebrale Subluxation*). Geburtstraumata, Verletzungen, die beim Sitzen-, Krabbeln-, Stehen- oder Laufenlernen erlitten werden, Unfälle in der Kindheit und viele andere Arten subtiler Schäden am empfindlichen Bindegewebe der Wirbelsäule erhöhen die Wahrscheinlichkeit einer vertebralen Subluxation. Wenn diese Schädigung möglichst gering gehalten wird, können der Körper und der Geist eines Kindes ihr höchstes Potential entfalten. Chiropraktische Korrekturen beseitigen Nervendruck, erhöhen den Fluß der »Lebensenergie« und befähigen sowohl den Körper als auch den Geist, Spitzenleistungen zu bringen. Das Kind kann längere Zeit aufmerksam sein, sich besser konzentrieren und sanfter und ruhiger werden.

Schädel-Osteopathie

Eine mangelhafte Funktion des Schädelmechanismus kann zu einer strukturellen Störung bei Kindern, und zwar besonders bei sehr kleinen, führen. Dieser empfindliche Mechanismus betrifft die minimale Bewegung der 22 Schädelknochen als Reaktion auf das rhythmische Pulsieren des Gehirns. Diese Bewegung spiegelt sich im ganzen Körper wider in Form eines sehr subtilen Pulsierens – zehn- bis zwölfmal pro Minute. Die Muskeln und der dünne Film, der jeden Muskel und das gesamte Gewebe überzieht, werden folglich von der Struktur des Körpers beeinflußt, und der Körper wiederum wird vom Kopf beeinflußt.

Bei Kindern mit Aufmerksamkeits- und Lernstörungen hat man oft festgestellt, daß die Bewegung ihrer Schädelknochen infolge einer schwierigen Geburt eingeschränkt ist. In einem solchen Fall kann das Kind einen schlechten Appetit haben, an Koliken leiden, außerstande sein, sich gut zu konzentrieren, übermäßig viel weinen oder ständige Anregung benötigen. Im weiteren Verlauf seiner Entwicklung können Lernbehinderungen auftreten. Dieses Problem kann mit einer sehr sanften Form der Osteopathie, der sogenannten Schädelmanipulation, behandelt werden. Sie kann in allen Altersstufen angewendet werden, und die Erfolge zeigen sich, besonders bei Kindern, gewöhnlich sehr schnell. Das Hinterhauptbein am Schädel wird behutsam vom obersten Halswirbel, dem Atlas, weggeführt, um die Beweglichkeit wiederherzustellen. Die Korrektur verläuft fast unmerklich und ist nicht schmerzhaft.

Alexander-Technik

Diese Technik konzentriert sich auf das Ausgleichen und Ausrichten der Muskelsysteme im Körper, besonders von Wirbelsäule und Nacken. Sie hat wohltuende Wirkungen auf die Atmung und Sinnesorgane, verbessert die Fähigkeit des Kindes, aufmerksam zu sein und sich zu entspannen, und balanciert die Energieebenen in seinem Körper aus.

Neurologisches Reflexunterdrückungsprogramm (Neuro-developmental Delay Remediation [NDD])

Bei dieser Therapieform wird ein sensorisches Integrationsprogramm (Reflexunterdrückung) eingesetzt, um motorische und Wahrnehmungsprobleme zu erkennen und zu korrigieren. Manchmal wird es als »Reflexunterdrückungs-Programm« bezeichnet. Der Klient wird systematisch durch alle Entwicklungsstufen vom Säugling bis zum Erwachsenen geführt.

Wir werden alle mit bestimmten Reflexen, den sogenannten »Primitivreflexen«, geboren. Diese Primitivreflexe sind notwendig in den frühen Stufen unserer Entwicklung, und wenn wir sie nicht mehr benötigen, verschwinden sie automatisch. Sie werden dann durch die natürlichen »Posturalreflexe« ersetzt. Aber wenn die Primitivreflexe nicht unterdrückt werden und bestehen bleiben, können sich Symptome von Dyspraxie, Legasthenie und dem Aufmerksamkeits-Defizit-Syndrom, Bettnässen und Daumenlutschen manifestieren. Diese Symptome können durch eine zu Hause durchgeführte Übungsreihe gelindert werden.

Die Behandlung erfolgt in Form einer anfänglichen Einschätzung, der sich die Empfehlung für ein häusliches Bewegungsprogramm zur Reflexunterdrückung anschließt, um die unangemessenen Primitivreflexe zum Verschwinden zu bringen.

Die oben vorgestellten Therapieformen ermöglichen es dem Kind, streßfreier und mehr in Harmonie zu leben, indem bestimmte Körperbereiche korrigiert und seine Reflexe zur optimalen und vollen Funktionsfähigkeit geschult werden. Das hat eine direkte Wirkung darauf, wie das Kind auf seine Umgebung reagiert. Wenn durch diese Methoden Legastheniesymptome verringert werden, so liegt das daran, daß das Kind weniger überempfindlich ist. Es ist eine wohlbekannte Tatsache, daß jede Art von Streß dazu neigt, die Legastheniesymptome eines Kindes zu verschlimmern. Streßreduzierung verringert auch die Symptome. Aber auch mit diesen Methoden wird die eigentliche Ursache der Empfänglichkeit und Empfindlichkeit des Kindes für Streß nicht beseitigt. Sie haben jedoch positive und günstige Wirkungen auf Legasthenie und verwandte Zustände.

Allgemeine Körpertherapien

Akupunktur

Akupunktur und Akupressur für Kinder bewirken gewöhnlich ein Gefühl der Tiefenentspannung. Für Kinder, die hyperaktiv sind, kann dieses Gefühl neu sein.

Die meisten Akupunkturmethoden für Kinder sind schmerzlos, und in der Akupressur werden überhaupt keine Nadeln eingesetzt. Bei Kindern kommen oft Spezialinstrumente wie Pflaumenblütenhämmerchen und andere Klopfhämmerchen zur Anwendung. Andere sind wie Kämmchen oder abgerundete Griffe geformt. Hilfsmittel dieser Art können bei Säuglingen und Kleinkindern problemlos angewendet werden.

Eine typische einstündige Sitzung mit einem hyperaktiven Kind umfaßt vielleicht nur eine fünfminütige Behandlung, die in Abständen von 10 oder 20 Sekunden erfolgt. Das Kind wird in Gegenwart eines Elternteils behandelt, der es festhält oder an sich drückt, während das sanfte Klopfen ausgeführt wird. Im allgemeinen benötigen Kinder viel weniger Sitzungen als Erwachsene, und sie sprechen auf die Behandlung viel schneller an. Bei älteren Kindern (gewöhnlich ab dem siebten Lebensjahr) können Nadeln eingesetzt werden. Akupunkturnadeln fühlen sich nicht wie Injektionsnadeln an, und Kinder machen schnell die Erfahrung, daß sie sich nach der Akupunktur entspannt fühlen.

Edu-K und Gedächtnisübungen »Brain Gym«

Paul Dennison, dem Begründer der Edu-Kinesthetik (*Educational Kinesiology*) oder »Edu-K«, zufolge treten Lernschwierigkeiten infolge eines Mangels an körperlicher Bewegung in entscheidenden Entwicklungsphasen auf. Das kann bei Kindern darauf hinauslaufen, daß sie verwirrt werden und außerstande sind, Informationen zu verarbeiten, an Aktivitäten mit anderen teilzunehmen oder ihr eigenes Verhalten in den Griff zu bekommen. Streß wirkt sich ebenfalls auf die Art und Weise aus, wie Kinder sich bewegen. Mangel an integrierter Bewegung kann zu Problemen im Schreiben und in der Unterrichtsbeteiligung führen. Mathematikschwierigkeiten können von einem schlecht entwickelten Sinn für Rhythmus, Sequenz und Timing herrühren.

Mit der als *Brain Gym* bezeichneten Serie von Übungen, die Überkreuzbewegungen wie Hüpfen oder Krabbeln umfaßt, werden die zwei Gehirnhälften zur harmonischen Zusammenarbeit trainiert. Für erfolgreiches Lesen, Schreiben und Rechnen ist es unbedingt erforderlich, daß der Gebrauch beider Augen gut entwickelt ist (binokulares Sehen). Einem Kind mit schlecht ausgebildeten binokularen Fähigkeiten wird es schwer fallen, Aufgaben durchzuführen wie zum Beispiel einen Ball zu fangen, laut zu lesen und von der Tafel abzuschreiben.

Mit diesen »ganzkörperlichen« Therapien wird der Körper geschult, um zu Gleichgewicht und Harmonie zu gelangen und Streß und Blockaden im Energiefluß abzubauen. Aufgrund all dieser Vorteile kann das Ausmaß von Streß und somit der Legastheniesymptome vermindert werden.

Physiologische Ursachen

Behandlungsformen bei physiologischen Störungen

Megavitamin- und Spurenelementtherapie

Hohe Dosen von speziell ausgewählten Vitaminen und Mineralstoffen können Veränderungen in der Stimmung eines Kindes bewirken (besonders Depressionen, zu denen legasthenische Kinder neigen) und seine Konzentrations- und Lernfähigkeit verbessern. Am häufigsten werden Vitamine aus dem Vitamin-B-Komplex verabreicht. Da Kinder unterschiedlich auf die verschiedenen Vitamine ansprechen, sollte diese Behandlungsart von einem ausgebildeten Ernährungstherapeuten durchgeführt werden.

Kontrollierte Ernährung

Die Behandlung legasthenischer Symptome durch die Kontrolle darüber, was ein Kind ißt und nicht ißt, setzt sich immer mehr durch, was mit einem wachsenden Wissen um die vielen Substanzen in unserer modernen Umgebung einhergeht, auf die Kinder überempfindlich reagieren und die negative Symptome verursachen können. Die Liste der bekannten Substanzen, die eine nachteilige Wirkung auf das geistige und emotionale Wohlbefinden eines Kindes haben können, umfaßt: verarbeitete Lebensmittel, Schimmelpilze, Pollen, chemische Stoffe und Lebensmittelzusätze, Antibiotika, chemische Schadstoffe und mit Pestiziden behandelte Lebensmittel.

Das zunehmende Vorkommen von Legasthenie bei Kindern wird immer mehr auf die sinkende Qualität ihrer Umgebung, schlechte Ernährung und Ernährungsmängel zurückgeführt.

Allergien und die Eliminationsdiät

Viele gewöhnliche Nahrungsmittel – wie Milch, Weizen, Eier, Mais und Zitrusfrüchte – können bei Kindern eine allergische Reaktion auslösen. Wenn ein Kind an Allergien leidet, kann sich das ebenfalls negativ auf seine Lern- und Konzentrationsfähigkeit sowie auf seine Fähigkeit, aufmerksam zu bleiben und seine Energie im Gleichgewicht zu halten, auswirken.

Mit der Eliminationsdiät findet man auf einfache und direkte Weise heraus, welche bestimmten Antigene Reaktionen verursachen. Das Kind wird auf eine eingeschränkte Diät gesetzt, bei der alle verdächtigen Lebensmittel, die mögliche Quellen von allergischen Reaktionen sein können, ausgeschlossen werden. Wenn diese Diät ungefähr drei Wochen lang eingehalten wird und keine merklichen Verbesserungen in der Gesundheit des Kindes zu verzeichnen sind, werden ihm vorsichtig »Herausforderungen« gestellt, indem der Diät einzelne Lebensmittel oder Zusätze zugeführt werden, um festzustellen, ob erneut spürbare Nebenwirkungen auftreten. Lebensmittel, die Reaktionen auslösen, werden vom Speiseplan gestrichen. Bei einer solchen eingeschränkten Diät muß unbedingt darauf geachtet werden, daß sie angemessene Mengen an Proteinen, Vitaminen und Mineralstoffen enthält.

Auch hier gilt, daß legasthenische Symptome abgeschwächt werden können, wenn der Grad von emotionalem und physischem Streß bei einem Kind herabgesetzt wird.

Verhaltensbedingte Ursachen

Gewöhnlich wird ein Kind, das an Lernschwierigkeiten leidet, auch Probleme damit haben, normale Verhaltensweisen beizubehalten. Die häufigsten emotionalen und Verhaltensauffälligkeiten, die mit Legasthenie verbunden sind, sind Frustration und Reaktionen auf diese Frustration in Form von Rebellion oder Zurückgezogenheit. Zusätzlich kann die Bandbreite von Symptomen vorhanden sein, die üblicherweise als Aufmerksamkeitsstörung mit oder ohne Hyperaktivität bezeichnet wird. Probleme können außerdem bei einem Kind auftreten, das an mangelndem Selbstwertgefühl leidet und seine Leistungsfähigkeit negativ beurteilt. Schließlich wird ein Kind, das ständig Angst davor hat, zu versagen oder nicht mit seinen Schulfreunden Schritt halten zu können, unruhig und niedergeschlagen sein und wenig Fähigkeit besitzen, voll und ganz an einem glücklichen Leben zu Hause und in der Schule teilzunehmen.

Diese Verhaltensweisen sind genaugenommen keine Legastheniesymptome. Jedoch sind sie in einem solchen Maße Bestandteil des gesamten Erscheinungsbildes der Legasthenie, daß sich nur schwer sagen läßt, wieviel von den Lernschwierigkeiten auf Fehlfunktionen des Gehirns oder der Sinnesorgane zurückzuführen sind und wieviel auf gestörte Verhaltensweisen, die den Lernprozeß des Kindes beeinträchtigen.

Infolgedessen richtet sich die Aufmerksamkeit immer mehr auf eine Gruppe von Therapien für legasthenische Kinder, die sich nicht mit den Lernschwierigkeiten selbst, sondern mit Verhaltensauffälligkeiten beschäftigt.

Bevor eine Behandlung der Verhaltensweisen oder Emotionen, die ein legasthenisches Kind an den Tag legt, eingeleitet wird, sollte man unbedingt bestimmen, in welcher Weise diese Verhaltensweisen mit den Legastheniesymptomen in Zusammenhang stehen. Es gibt zwei Möglichkeiten:

1. Die Verhaltensauffälligkeiten können Symptome der Lernschwierigkeit hervorrufen, sind aber selbst die Folge einer anderen Ursache.
2. Die Verhaltensweisen resultieren aus sekundären *Reaktionen* auf eine schon vorhandene Lernbehinderung.

Das klassische Beispiel für die zweite Möglichkeit ist das wohlbekannte »Klassenkasper«-Syndrom. In diesem Fall benimmt sich ein Kind unangemessen in der Schule und zu Hause, um sich auf diese Art und Weise vor negativer Aufmerksamkeit oder negativen Gefühlen zu schützen, die durch die Unfähigkeit, wie seine Freunde zu lernen, verursacht werden.

Bei der Überlegung, ob man einem Kind wegen seiner Verhaltensweisen oder Emotionen eine Therapie anbieten soll, ist es sehr wichtig, daß man sich so klar wie möglich darüber ist, welche von diesen zwei Möglichkeiten zutrifft. Wenn man sich nur auf das Kasperverhalten eines Kindes konzentriert, ohne zugleich die eigentliche Ursache – die Lernbehinderung – zu betrachten, ist eine Verhaltenstherapie von vornherein zum Scheitern verurteilt.

Mit Legasthenie verbundene Verhaltensweisen und Emotionen können entweder psychologisch oder medikamentös behandelt werden. Psychologische Therapien fallen in zwei Kategorien, je nachdem, ob das Augenmerk auf die Symptome oder die Ursache der Verhaltensauffälligkeiten gerichtet wird. Bachblüten können zusammen mit diesen oder anderen Therapieformen angewendet werden (siehe Seite 78).

Psychologische Therapiemöglichkeiten bei Verhaltensauffälligkeiten

Beratung

Bei dieser Therapieform werden dem Kind Verhaltensstrategien an die Hand gegeben, damit es mit Situationen fertig wird, in denen es unangemessene Verhaltensweisen oder emotionale Reaktionen zeigt.

Bei Eltern von Vorschulkindern und gerade eingeschulten Kindern wird sich ein frühes Interventionsprogramm darauf konzentrieren:

- die sozialen und kognitiven Fähigkeiten des Kindes zu bereichern
- Geschicklichkeit im elterlichen Umgang mit dem Kind zu fördern
- positive Aufmerksamkeit zu verstärken, wenn sich das Kind unangemessen verhält oder zurückzieht
- Belohnungen anzuwenden
- wirksame Disziplinstrategien zu entwickeln
- Konsequenzen anzuwenden
- induktives Denken anzuwenden

Kindern von 11 Jahren oder älter könnte man zusätzlich helfen:

- effektiv mit frustrierten, aggressiven, störenden, oppositionellen und unangepaßten Verhaltensweisen fertig zu werden
- mit Zurückgezogenheit fertig zu werden
- mit Fragen der Selbstachtung und Versagensängsten fertig zu werden

Biofeedback-Training

Mit dem Biofeedback-Training kann einem Kind beigebracht werden, bewußt das autonome Nervensystem durch den Einsatz von entsprechenden Geräten zu kontrollieren. Immer leistungsfähigere Biofeedback-Instrumente, die sich der Hochtechnologie der Mikroelektronik bedienen, können heute die Aktivität der Gehirnwellen aufzeichnen und visuelles und auditives Feedback liefern, um das Training effektiver zu gestalten. Im Prinzip kann jedes mit Lernbehinderungen zusammenhängende negative Symptom mit Hilfe dieser Methoden unter Kontrolle gebracht werden. Das Biofeedback-Training wird weniger eingesetzt, um eigentliche Wahrnehmungs- oder Verarbeitungsfähigkeiten zu verändern, sondern um psychologische und emotionale Reaktionen auf die Lernbehinderung selbst zu reduzieren.

Die Beratung und das Biofeedback-Training sind Therapieformen, die sich auf die Symptome negativer oder störender Verhaltensweisen konzentrieren. Die eigentlichen Ursachen solcher Verhaltensweisen werden von ihnen außer acht gelassen.

An der Ursache für Verhaltensweisen orientierte psychologische Behandlungsformen

Die beiden hier vorgestellten Methoden sind Beispiele für eine Traumatherapie. Sie werden erfolgreich bei Legasthenikern eingesetzt, um sie von dem Trauma zu befreien, das mit der Lernbehinderung verbunden ist. Das Trauma wird als die Ursache für die Verhaltensweisen betrachtet, die Legastheniesymptome hervorrufen.

Desensibilisierung und Neustrukturierung der Augenbewegung (Eye Movement Desensitization and Reprocessing [EMDR])

EMDR verbindet viele Elemente aus verschiedenen therapeutischen Ansätzen mit Augenbewegungen und anderen Formen der rhythmischen Stimulation, um das Informationsverarbeitungssystem des Gehirns anzuregen. Diese komplexe Form der Psychotherapie macht keinen Gebrauch von psychologischem Material aus der Vergangenheit, sondern aktiviert statt dessen das Informationsverarbeitungssystem des Gehirns, damit erkennbare und dauerhafte Veränderungen so schnell wie möglich herbeigeführt werden können.

Verarbeitung von traumatischen Vorfällen (Trauma incident reduction therapy [TIR])

TIR ist eine kurze, einzeltherapeutische, nicht-hypnotische, einfache und hochstrukturierte Methode zur dauerhaften Beseitigung der negativen Folgen vergangener Traumata. Sie umfaßt das wiederholte »Betrachten« einer traumatischen Erinnerung unter Bedingungen, die darauf ausgerichtet sind, Sicherheit zu verstärken und Ablenkungen so gering wie möglich zu halten.

Der Klient verrichtet die ganze Arbeit; der Therapeut oder Berater bietet keine Interpretation oder positive Beurteilung an, sondern erteilt dem Klienten nur passende Instruktionen, damit dieser einen traumatischen Vorfall gründlich vom Anfang bis zum Ende »betrachten« kann. Eine TIR-Sitzung ist erst beendet, wenn der Klient einen Endpunkt erreicht hat und sich wohl fühlt. Das kann ein paar Minuten bis zu drei oder vier Stunden in Anspruch nehmen. Im Durchschnitt dauert eine Sitzung mit einem neuen Klienten etwa 90 Minuten.

Es liegt auf der Hand, daß jede psychologische Therapie, die einem Kind helfen kann, in höherem Maße emotional im Gleichgewicht und frei von Ängsten und Zwängen zu sein, dazu beitragen wird, die wirkliche Ursache der Legasthenie zu behandeln.

Medikamentöse Behandlung

Eine wachsende Zahl von Therapeuten empfiehlt die medikamentöse Behandlung als einen Weg, um Verhaltensweisen und dazugehörige Emotionen bei lernbehinderten Kindern in den Griff zu bekommen und zu verändern. Diese Medikamente werden am häufigsten bei einer Behinderung verordnet, die als Aufmerksamkeits-Defizit-Syndrom (*ADD – Attention Deficit Disorder*) oder Aufmerksamkeits-Defizit-Syndrom mit Hyperaktivität (*ADHD – Attention Deficit Hyperactivity Disorder*) bezeichnet wird.

Ein Kind, das an ADD leidet, wird außerstande sein, mehr als ein paar Minuten auf eine Aufgabe konzentriert zu bleiben, ist leicht abzulenken und kann nicht sehr lange still sitzen.

Wenn Hyperaktivität zu diesen grundlegenden Symptomen hinzukommt, spricht man vom Aufmerksamkeits-Defizit-Syndrom mit Hyperaktivität. Mit diesen primären Symptomen werden sekundäre Symptome auftreten, die oft Reaktionen auf negative Aufmerksamkeit sind, die ein Kind mit diesen primären Symptomen auf sich zieht.

Stimulanzien

Eines der bekannten Merkmale legasthenischer Kinder ist ihre anormale Reaktion auf bestimmte Medikamente, d. h., sie reagieren oft genau entgegengesetzt zu dem, was man von einem nicht-legasthenischen Kind erwarten würde. Aus Untersuchungen, die vor einigen Jahren über die Wirkung starker Stimulanzien auf legasthenische Kinder durchgeführt wurden, ging hervor, daß sie von diesen Medikamenten keineswegs aufgeputscht, sondern sediert wurden. Diese Information diente dazu, die Idee zu fördern, daß die negativen Verhaltensweisen hyperaktiver Kinder kontrolliert werden können, indem man sie mit Stimulanzien sediert.

Heutzutage werden Kindern, die an Symptomen von Aufmerksamkeitsstörung und Hyperaktivität leiden, weit und breit starke Stimulanzien vom Typ Methylphenidat (Ritalin) verschrieben. Es besteht kein Zweifel, daß diese Medikamente ihr Verhalten umwandeln und die beunruhigendsten Symptome beseitigen. Die Kinder werden ruhiger und umgänglicher und können sich länger auf Aufgaben konzentrieren.

Jedoch ist ein warnender Hinweis zu dieser medikamentösen Behandlung angebracht. Wenn Sie in Betracht ziehen, Ihr Kind medikamentös behandeln zu lassen, sollten Sie sich so intensiv wie möglich über alle Nebenwirkungen informieren – besonders bei einem so starken Medikament wie Ritalin (psychostimulierendes Amphetamin). Abgesehen von kurzzeitigen Nebenwirkungen gibt es Anhaltspunkte für die Annahme, daß Langzeitnebenwirkungen auftreten, die ernstere negative Folgen nach sich ziehen können.

Wenn die Ärzte, die Ihrem Kind diese Medikamente anbieten oder sie ihm verabreichen, keine Informationen über diese Nebenwirkungen haben, lohnt es sich, sie sich von unabhängigen Quellen zu verschaffen.

Die medikamentöse Therapie ist der Inbegriff der Methoden der Legastheniebehandlung, die sich auf die Symptombeseitigung konzentrieren. Die wirkliche der Legasthenie zugrundeliegende Ursache wird in keinerlei Weise berücksichtigt.

Bach-Blüten-Therapie

Diese aus den Extrakten von Pflanzen und Blumen hergestellten Heilmittel wirken als Katalysator, um grundlegende emotionale Ursachen von Streß zu lindern und ein Gleichgewicht herzustellen. Da sie rein feinstofflich wirken, vertragen sie sich mit allen anderen Behandlungsformen.

Die Blütenessenzen sind ein perfekter Begleiter für jede andere Behandlungsform für Lernbehinderte. In einigen Fällen können sie eine ausreichende Behandlung sein. Wenn man in Erwägung zieht, seinem Kind solche Essenzen zu verabreichen, sollte man unbedingt daran denken, das Kind ganzheitlich zu betrachten. Ein legasthenisches Kind wird sich oft außer Kontrolle fühlen, und die Essenzen können ihm dieses Gefühl von Kontrolle zurückgeben. Normalerweise werden erst einige Symptome behandelt, bevor man sich allmählich den anderen zuwendet. Wenn das Kind anfängt, Erfolge zu erleben, wird es das Gefühl bekommen, sein Leben besser im Griff zu haben. Auf diese Weise sind die Essenzen hilfreich. Man kann sie den kleinsten Kindern geben, weil sie völlig harmlos und ohne Nebenwirkungen sind.

Auch von den Bach-Blüten läßt sich sagen, daß sie zur Linderung der Symptome angewendet werden, ohne die eigentliche Ursache zu berücksichtigen. Aber sie sind unschädlich und haben nicht die bedenklichen Nebenwirkungen auf ein Kind wie stimulierende Medikamente.

Zukunftsaussichten

Es ist hilfreich, wenn Eltern ihrem Kind langfristige Aussichten für die Zukunft eröffnen können, anstatt ihnen mit kurzfristigen Lösungen unmittelbarer Probleme zu helfen. Indem ein legasthenisches Kind dabei unterstützt wird, seine Ausbildung fortzusetzen oder eine weitere Behandlung in Betracht zu ziehen, können die Eltern ihm Kontinuität, Struktur und eine Perspektive bieten.

Schule und Elternhaus verlassen

Kontinuität und Struktur sind wichtig für Kinder, wenn sie mit der Aussicht konfrontiert werden, sich in die Erwachsenenwelt hinauszubewegen. Einige Kinder können soviel Angst davor haben, die bekannte, vertraute, sichere Umgebung von Schule und Familie zu verlieren, daß sich das Verlassen des Elternhauses für sie anfühlt, als würden sie vom Rand der Welt fallen und verschwinden.

Sobald Ihr Kind die Schule beendet hat, kann es sich viele Dienste und unterstützende Einrichtungen zunutze machen, wenn es seine Ausbildung fortsetzen möchte. Viele Lehranstalten haben inzwischen speziell ausgebildete Mitarbeiter, die Beratung über berufliche Möglichkeiten und spezielle Unterstützung beim Studium anbieten können.

Selbstwertgefühl, Selbstachtung und Selbstvertrauen eines Kindes werden in hohem Maße bestimmen, welche Türen ihm offenstehen, wenn es die Schule oder die Universität verläßt und sich auf dem Arbeitsmarkt zur Verfügung stellt und ein unabhängiges Leben beginnt. Es liegt auf der Hand, daß Sie ihm diesen Übergang in die Unabhängigkeit erleichtern werden, wenn Sie es in Bereiche einführen, in denen es seine natürlichen Fähigkeiten und Talente einsetzen kann.

Es kann auch für die Eltern ein schwieriger und erschreckender Prozeß sein, wenn ein legasthenisches Kind das Zuhause verläßt. Nach jahrelangen Bemühungen, einem lernbehinderten Kind zu helfen, kann es ein schmerzlicher Bruch sein, es loslassen und seinem eigenen Einfallsreichtum vertrauen zu müssen.

Der Zukunft ins Gesicht sehen

Wenn junge Erwachsene in die Welt hinausgehen, können ihre Reaktionen auf die eigene Lernbehinderung sehr unterschiedlich sein. Zu den gängigen Reaktionen gehören:

- die Tatsache ihrer Behinderung durch übermäßige Leistungen im Beruf, im Sport oder in sozialen Beziehungen zu kompensieren
- Gefühle der Angst, Unsicherheit und Unfähigkeit zu entwickeln, einen Platz für sich in der Erwachsenenwelt der Arbeit und der sozialen Beziehungen zu finden
- sich zurückzuziehen und im Hintergrund der Gesellschaft zu verschwinden, einer Arbeit nachzugehen, die ihre Talente und ihr Potential nicht herausfordert
- den Status des Behindertseins zu akzeptieren und von diesem Status Gebrauch zu machen, um einen Platz in der Gesellschaft zu finden, wo Legastheniker akzeptiert und aufgenommen werden
- rebellisch und unkooperativ zu werden und das Risiko auf sich zu nehmen, mit dem Gesetz in Konflikt zu geraten
- jeden Versuch aufzugeben, sich in soziale Normen und Erwartungen einbeziehen zu lassen, alternative Lebensweisen zu erforschen oder sich auf den selbstzerstörerischen Gebrauch von Drogen oder Alkohol einzulassen, wodurch positive Lebensentscheidungen behindert werden
- stark strukturierte Umgebungen, soziale Gruppen oder berufliche Tätigkeiten zu suchen – von einigen der eher fundamentalistischen religiösen Organisationen bis hin zu weniger günstigen Gruppen, die bedingungslose Ergebenheit verlangen –, wo sie sich sicher und akzeptiert fühlen, sofern sie die Normen der Gruppe akzeptieren

Ein Kind muß einen Weg finden, um die Einschränkungen zu bewältigen, welche auch immer nach der Behandlung in den Bereichen, die durch seine Behinderung beeinträchtigt sind, zurückbleiben. Dieser Prozeß der Akzeptanz und Anpassung kann sich von einem Kind zum anderen gewaltig unterscheiden. Auch Eltern müssen diesen Prozeß durchmachen. Sie müssen Ihre Rolle mit Sensibilität und Verständnis an diesem Punkt im Leben Ihres Kindes spielen. Jeder Druck und alle ausdrücklichen Vorschriften und Versuche, die Entscheidungen Ihres

Kindes zu kontrollieren, sollten vermieden werden, wie schwierig das auch sein mag.

Manchmal wundern sich Eltern über unerwartete Reaktionen, Stimmungsschwankungen oder untypische Verhaltensweisen bei ihrem legasthenischen Kind, dem anscheinend eine erfolgreiche Integration ins Leben gelungen und das in jeder Hinsicht glücklich und erfolgreich ist. Diese Emotionsausbrüche und plötzlichen Abweichungen vom Normalen sind Zeichen dafür, daß ein legasthenisches Kind dennoch seine Behinderung als eine geheime Last und einen geheimen Schmerz mit sich tragen kann, auch wenn auf der Oberfläche alles gut zu laufen scheint.

Fazit

In diesem Kapitel über das konventionelle Legastheniemodell wurden viele Möglichkeiten aufgezeigt, wie man die Symptome der Legasthenie lindern kann. Nicht thematisiert sind die *Ursachen* für die Legasthenie.

Im folgenden Kapitel werde ich Sie mit dem Legastheniemodell von Ronald Davis bekannt machen und zeigen, wie dieser Ansatz die Ursachen der Legasthenie zu erklären versucht. Sie können außerdem herausfinden, wie Legastheniesymptome völlig beseitigt werden können, so daß ein Kind nicht länger lernbehindert ist.

3

Das Davis-Modell

Definitionen und Geschichte

Um Legasthenie wirksam zu korrigieren, müssen wir die Ursache ihrer Symptome beseitigen. Ist die Ursache behoben, werden die Lernbehinderungen verschwunden sein, und das Lernen kann leicht und natürlich vonstatten gehen. Bei der Korrektur der Legasthenie geht es nicht darum, einem Kind das Lernen beizubringen, sondern vielmehr darum, das aus dem Weg zu räumen, was seine natürliche Lernfähigkeit einschränkt. Gelingt einem dies, wird ein legasthenisches Kind nicht nur schnell und gründlich, sondern auch gern lernen. Wenn Sie lange Zeit die Schwierigkeiten und Frustrationen Ihres Kindes miterlebt haben, mag sich dies wie ein Wunder anhören. Aber Tausende von Kindern und Erwachsenen waren imstande, ihre Lernbehinderungen zu beseitigen, und lernen jederzeit alles, was sie wollen. Mit Hilfe des Davis-Legasthenie-Modells sind sie in der Lage, die Kontrolle über ihren Lernprozeß zu übernehmen.

Eine neue Deutung der Legasthenie

Die Geschichte des Legastheniebegriffs, die dem Davis-Modell zugrunde liegt, beginnt im Jahr 1980 in Kalifornien. Ronald Davis war 38 Jahre alt, als er eine Entdeckung in bezug auf seine Legasthenie machte. In der Schule hatte er enorme Lernschwierigkeiten gehabt und war schon früh als geistig zurückgeblieben eingestuft worden.

Die Ärzte hatten seiner Mutter gesagt, daß er einen Geburtsschaden davongetragen hätte, der als »Kanner-Syndrom« bzw. frühkindlicher Autismus bezeichnet wird. Ärzte hatten ihm gesagt, daß er nicht in der Lage sei zu lesen, zu sprechen oder sich gar an seinen Namen zu erinnern, weil sein Gehirn bei der Geburt verletzt worden sei.

Als er älter wurde, glaubte Ronald Davis wirklich, daß das Urteil der Ärzte der Wahrheit entspreche. In der Schule war er außerstande gewesen, irgend etwas zu lernen, und sogar als Erwachsener konnte er nicht die Speisekarte im Restaurant oder ein Schild in einem Schaufenster lesen. Was eine Durchschnittsperson in etwa fünf Minuten lesen kann, nahm bei ihm eine Stunde oder mehr in Anspruch.

Trotz seiner schweren Handikaps wurde er zertifizierter Maschinenbautechniker und konnte so, wie andere Legastheniker, seine Behinderung hinter Erfolg verbergen. Er besaß schließlich drei Maschinenbaufirmen gleichzeitig. Später zog er nach Kalifornien und wurde als Grundstücksmakler so erfolgreich, daß er sich mit 38 Jahren zur Ruhe setzte und sich seinem Lieblingshobby, der Bildhauerei, widmete.

Als er eines Tages an einer Skulptur arbeitete, machte er eine Beobachtung, die für den Ingenieur in ihm keinen Sinn ergab: Wenn er während des Bildhauens versuchte, sich Notizen zu machen, war seine Handschrift viel schlimmer als gewöhnlich. Sie war sowieso schlecht, aber in diesem schöpferischen Prozeß war es sogar für ihn unmöglich, sie zu entziffern. Man hatte ihm immer gesagt, daß seine schlechte Handschrift ein Symptom seines Hirnschadens sei. Das war die Definition der Legasthenie, an die zu glauben er erzogen worden war. Aber nun wurde ihm bewußt, daß sich seine Symptome veränderten – für kurze Zeit waren sie schlimmer und dann wieder besser.

Als Techniker wußte er, daß das nicht möglich ist. Wenn ein Motor an einem Tag defekt ist, kann er nicht am nächsten Tag funktionieren und dann einen Tag später wieder kaputt sein. Wenn die Gehirnstruktur beschädigt ist, sollten die Symptome konstant sein. Aber er sah, daß eines seiner Symptome – seine schlechte Handschrift – sich veränderte, je nachdem, womit er gerade beschäftigt war. Sein Verständnis von Legasthenie als Hirnschaden stimmte nicht mit der Tatsache überein, daß seine Symptome sich veränderten, ohne daß sich die Struktur verändert hatte.

Wenn Ronald Davis jemand gewesen wäre, der mit Wörtern anstatt mit Bildern denkt, hätte er die Veränderungen, die mit seiner Handschrift vor sich gingen, vielleicht ignoriert. Aber zum Glück für uns alle denkt Ronald Davis in Bildern. Sein Verständnis von Legasthenie mußte sich plötzlich erweitern, damit er die interessanten neuen Beobachtungen erklären konnte. Er wurde neugierig. Er wußte, daß seine Symptome sich verschlimmerten, wenn er an einer Skulptur arbeitete, und sich wieder besserten, sobald er mit dieser Tätigkeit aufhörte. Vielleicht gab es etwas, das er tun konnte, um die Symptome zum Verschwinden zu bringen.

Nachdem er drei Tage lang verschiedene Möglichkeiten, seine Wahrnehmungweise zu verändern, ausprobiert hatte, ging Ronald Davis in eine Bibliothek und las *Die Schatzinsel* von Robert Louis Stevenson von der ersten bis zur letzten Seite. Vor diesem Tag war er sein ganzes Leben lang außerstande gewesen, ein Buch zu lesen. Er hatte solche Leseschwierigkeiten gehabt, daß er, um ein Straßenschild zu lesen, das Auto anhalten und die Buchstaben mühsam entziffern mußte.

Dadurch, daß Ronald Davis die Bedeutung des Legastheniebegriffs erweiterte, lernte er verstehen, was seine Legasthenie verursachte. Mit diesem Verständnis war er in der Lage, die Legastheniesymptome abzustellen – und zwar auf derart dramatische Weise, daß er auf einmal ein Buch an einem Tag durchlesen konnte. Also wußte er, daß er *zufällig* auf etwas Wichtiges gestoßen war. Aber an diesem Punkt machte er einen verständlichen Fehler. Er glaubte, sich von seinen Lernschwierigkeiten geheilt zu haben. Aber das war nicht der Fall. Dieses erweiterte Verständnis der Legasthenie war noch nicht umfassend genug und enthielt noch nicht alle Bestandteile, die notwendig sind, um voll und ganz zu verstehen, wann Legasthenie eintritt und wie sie korrigiert werden kann.

Einige Monate nach seiner anfänglichen glücklichen Entdeckung, daß er lesen konnte, kehrten Ronald Davis' Symptome langsam zurück. An diesem Punkt begann er mit seiner Suche danach, das Verständnis von Legasthenie noch stärker zu erweitern, bis es vollständig mit der Wirklichkeit dessen, was mit ihm vor sich ging, übereinstimmte.

Mit Hilfe einer Gruppe von Ärzten, Psychologen und Pädagogen gründete Ronald Davis das Reading Research Council in Kalifornien. Mit seinem Team machte er sich daran, herauszufinden, unter welchen Bedingungen Legastheniesymptome hervorgerufen werden. Ronald Davis selbst war für viele der Experimente die wichtigste Versuchsperson. Nach weiteren zwei Jahren war schließlich ein neues Bild von Legasthenie ausgearbeitet worden. Auf dieser Basis war deutlich zu erkennen, welche Schritte unternommen werden mußten, um die Legasthenie*symptome* zu lindern. Man hatte einen Weg gefunden, um die wirkliche Ursache für die Legasthenie zu behandeln und sie vollkommen zu beseitigen.

Die drei Voraussetzungen

Ronald Davis und sein Forscherteam fanden heraus, daß drei Dinge zur Legasthenie führen bzw. daß bei einer Person drei Merkmale vorhanden sein müssen, um sie als Legastheniker bezeichnen zu können:

- eine bestimmte Denkweise (bildhaftes Denken)
- ein natürliches Wahrnehmungstalent (Fähigkeit, sich aktiv zu desorientieren)
- eine bestimmte Art und Weise, auf Verwirrung zu reagieren

Diese drei Merkmale scheinen an und für sich harmlos zu sein. Man kann sich schwer vorstellen, wie sie für all die Probleme, die Legastheniker haben, verantwortlich sein können. Aber wenn sie zusammen auftreten, sind sie für die Symptome der Legasthenie und für viele andere mit ihr verbundenen Auffälligkeiten verantwortlich. Solche Phänomene wie Ungeschicklichkeit, mangelndes Zeitgefühl, Schwierigkeiten beim Rechnen, Hyperaktivität und Aufmerksamkeitsstörungen konnten allesamt auf diese drei Faktoren zurückgeführt werden, die im Verbund zu Legasthenie führen.

Anders ausgedrückt, Ronald Davis war es gelungen, ein Bild von Legasthenie zu entwickeln, das sämtliche unterschiedliche Legasthenie-symptome berücksichtigt. Mit diesem einen Bild wurde es möglich zu erklären, wie alle diese Symptome sich aus einer einzigen Ursache heraus entwickeln.

Desorientierung

Der entscheidende Aspekt, den Ron Davis und seine Forscher fanden, ist ein als »Desorientierung« bezeichneter Zustand. Jeder weiß, wie man sich fühlt, wenn man desorientiert ist – man verliert den Sinn dafür, in welcher Beziehung man zu allem um sich herum steht, man ist verwirrt und unsicher, man ist außerstande, normal zu funktionieren. Ein sehr einfaches Beispiel dafür ist, wenn einem schwindelig wird oder wenn man an einem fremden Ort aufwacht und einem nichts vertraut ist. Genaugenommen wird man im Zustand der Desorientierung in bezug auf einen oder mehrere der folgenden drei Punkte verwirrt sein:

- die Umgebung
- die Identität von Dingen
- die Zeit

Wenn Sie desorientiert und verwirrt sind, ist die Wahrscheinlichkeit höher, daß Sie Fehler machen. Fehler mit Buchstaben oder Zahlen, Fehler beim Erkennen oder Aussprechen von Wörtern, Fehler bei der Einschätzung von Gleichgewicht, Entfernung und Timing sind allesamt Merkmale von Legasthenie. Wir könnten sie genausogut als Symptome der Desorientierung oder des Verwirrtseins bezeichnen.

Desorientierung auflösen

Und jetzt beginnen wir zu verstehen, wie wirksam dieses neue Legasthenieverständnis sein kann, wenn es darum geht, die legasthenischen Symptome zu überwinden. Wenn Desorientierung die Ursache der Legastheniesymptome ist, dann sollten wir dadurch, daß wir die Desorientierung beseitigen, auch imstande sein, die Symptome zu beseitigen.

Wir wissen alle, wie man bestimmte Formen von Desorientierung auflöst. Wenn Ihnen schwindelig ist, setzen Sie sich hin und warten, bis Sie wieder einen klaren Kopf haben und die Welt sich nicht mehr zu drehen scheint. Wenn Sie an einem fremden Ort aufwachen, müssen Sie innehalten, um sich daran zu erinnern, wo Sie sind, und dann ergibt alles wieder einen Sinn. Konnte es möglich sein, daß es bei der Korrektur der Legasthenie einfach darum geht, die Ursachen der Desorientierung zu beseitigen? Ronald Davis und sein Forscherteam fanden heraus, daß das wirklich der Fall ist. Sie stellten fest, daß Legasthenikerinnen und Legastheniker sehr empfindlich auf Verwirrung reagieren und daß ihre natürliche Reaktion auf Verwirrung darin besteht, daß sie sich desorientieren. In diesem Zustand machen sie die Fehler, die wir alle als die legasthenischen Symptome bezeichnen.

Das Team am Reading Research Council entdeckte, daß es möglich ist, Legastheniker zu lehren, die desorientierten Zustände abzustellen, die sie dazu verleiten, Fehler zu machen. Einer erwachsenen Legasthenikerin wurde gezeigt, wie sie aus ihrer Desorientierung herauskommen konnte, und eine halbe Stunde später las sie zum ersten Mal in ihrem

Leben in einer Zeitung. Wenn ein Legastheniker seine plötzliche Lesefähigkeit entdeckt, kommt es ihm vor, als ob sich ein Wunder ereignet hätte. Aber eigentlich wird nur die durch die Desorientierung ausgelöste Verwirrung beseitigt. Wenn eine Person orientiert ist, so wie Sie während der Lektüre dieses Buches, kann sie richtig sehen und Wörter erkennen und sie lesen. Fähig zu sein, die Desorientierung abzustellen und die Verwirrung aufzuhalten, bedeutet jedoch nicht, daß jemand seine Legasthenie überwunden hat. Das ist nur der erste Schritt im Korrekturprozeß.

Desorientierung passiert nicht einfach mit jemandem. Es ist immer vorher etwas da, das sie auslöst. Beispielsweise wird Ihnen schwindelig, wenn Sie sich zu schnell gedreht haben. Wenn man also Legasthenie korrigieren will, muß man zuerst etwas gegen die Ursache der Desorientierung unternehmen. Wieder war Ronald Davis mit Hilfe seines Forscherteams imstande, genau zu beschreiben, was erforderlich ist, um gegen die Ursachen der Desorientierung vorgehen zu können.

Wie entsteht Desorientierung?

In psychologischen Lehrbüchern werden die Symptome der Desorientierung als »Beta-Phänomen« bezeichnet. Damit ist gemeint, daß unser Gehirn manchmal Dinge erfindet, die nur scheinbar vorhanden sind. Wir neigen zu dieser Art der visuellen Wahrnehmung, wenn wir verstehen müssen, was um uns herum vor sich geht.

Wenn unsere Augen ein gewisses Bild von einer Sache vermitteln, aber unser Gleichgewichts- und Bewegungssinn uns etwas anderes mitteilt, werden unserem Gehirn widersprüchliche Botschaften gesendet. Unserem Gehirn gefallen widersprüchliche Botschaften nicht, aber es ist genügend differenziert, um solche Informationen, die wir durch unsere verschiedenen Sinne empfangen, zu verstehen. Und zwar bewältigt es diese Aufgabe dadurch, daß unsere Wahrnehmungen verzerrt werden, so daß eine Art Kompromiß zustande kommt. Eine spezifische Funktion des Gehirns verzerrt tatsächlich in bestimmten Augenblicken unsere Wahrnehmung und macht uns desorientiert! Desorientierung wird durch Verwirrung verursacht!

Die Verbindung herstellen

Ronald Davis vermochte eine Verbindung herzustellen zwischen der Fähigkeit des Gehirns, Desorientierung zu verursachen, und einem besonderen Talent, das Legasthenikern eigen ist – sich Dinge in Bildern mühelos vorstellen zu können. Legastheniker können sehr schnell und kreativ in Bildern denken, in Bildern, die dreidimensional und in Bewegung sind – sie denken wirklich mit allen ihren Sinnen. Es stellte sich heraus, daß diese Fähigkeit sie dazu brachte, viel häufiger desorientiert zu sein als Nicht-Legastheniker. Genaugenommen können die Symptome der Legasthenie, bei denen es sich um Symptome handelt, die eine desorientierte Person hervorruft, direkt auf dieses Talent des Legasthenikers, in Bildern zu denken, zurückgeführt werden.

Um es ganz offen und einfach auszudrücken, es hat den Anschein, daß Legastheniker sich ihre eigenen legasthenischen Symptome schaffen, indem sie etwas tun, worin sie gut sind. Wenn sie sich dessen bewußt wären, daß sie selbst ihre Probleme verursachen, eben weil sie in dieser Weise denken, würden sie es bestimmt nicht tun. Aber unglücklicherweise ist Legasthenikern diese Methode des Denkens und der Gehirnfunktion überhaupt nicht bewußt. Ihr Talent ist ein solcher integraler Bestandteil der Art und Weise, wie sie denken und Dinge sehen, daß sie es automatisch anwenden.

Ronald Davis war eigentlich nicht die einzige Person, die die Verbindung zwischen bildhaftem Denken und Legasthenie herstellte. Thomas West beschreibt in seinem Buch *In the Mind's Eye* das Leben einer Reihe überaus erfolgreicher schöpferischer Genies, wie zum Beispiel Leonardo da Vinci, Thomas Edison, Nikola Tesla und Winston Churchill. Alle diese außergewöhnlichen Menschen wiesen als Kinder und einige sogar als Erwachsene viele der legasthenischen Symptome auf. Und eine bemerkenswerte Frau, Nell Ojemann, die in Holland tätig ist, hatte den Zusammenhang zwischen bildhaftem Denken und Lernschwierigkeiten bereits vierzig Jahre vor dem Zeitpunkt hergestellt, als Ronald Davis zufällig erkannte, wie Legastheniker ihre legasthenischen Symptome kreieren.

Die Legasthenie korrigieren

Von diesem Verständnis über die Ursache der Legasthenie ausgehend, erarbeiteten Ronald Davis und seine Mitarbeiter eine Behandlungsform, die erfolgreich diese Ursache beseitigt. Der Behandlungsprozeß für ein legasthenisches Kind besteht in den folgenden einfachen Schritten:

1. Dem Kind zu helfen, sich dessen bewußt zu werden, wie sein natürliches Talent benutzt wird.
2. Ihm zu helfen, zu verstehen und sich bewußt zu werden, wie dieses natürliche Talent zuerst Desorientierung und dann Verwirrung und Fehler auslöst.
3. Auf diesem Verständnis basierend, ihm die Maßnahmen beizubringen, die es anwenden kann, um die Verwirrung in bezug auf Symbole (gewöhnlich Wörter) zu beseitigen, die es veranlassen, sich zu desorientieren.

Diese einfachen Schritte bilden die Grundlage für die Davis-Legasthenie-Behandlung.

Die wirkliche Ursache der Lernschwierigkeiten

Ronald Davis' Legastheniebild bedurfte einer weiteren Dimension, um es zu einem wirkungsvollen Werkzeug zur Legasthoniekorrektur zu gestalten. Bis jetzt sind wir auf die eher mechanischen Prozesse der Legasthenie eingegangen. Wir haben gesehen, wie das Wahrnehmungstalent der Legastheniker tatsächlich Desorientierung und Verwirrung infolge unrichtiger Wahrnehmungen hervorrufen kann. Kommt zu dieser Verwirrung noch die Dimension des Lernens hinzu, erkennen wir allmählich das vollständige Bild davon, wie sich eine Lernschwierigkeit entwickelt. Das folgende Szenario ist typisch für ein Kind, das an Lernschwierigkeiten leidet:

1. Das Kind versucht, etwas zu lernen.
2. Weil es verwirrt ist, wird es desorientiert.
3. Im desorientierten Zustand sind seine Sinne verzerrt.
4. Verzerrte Sinne bedeuten, daß das Kind falsche Daten aufnimmt.

5. Im desorientierten Zustand versucht es, mit diesen falschen Daten etwas zu lernen. Folglich lernt es die falschen Daten.
6. Dann soll es reproduzieren, was es gelernt hat. Die Informationen kommen falsch heraus, weil sie falsch aufgenommen wurden. Die unrichtigen Informationen, die es von sich gibt, werden vom Lehrer als Fehler bezeichnet.
7. Es wird immer frustrierter wegen seiner Fehler, weil es nicht verstehen kann, warum es sie macht. Es kann nicht erkennen, daß die Daten, die es aufnimmt, falsch sind, bevor es überhaupt anfängt, sie zu reproduzieren.

Frustration ist die Emotion, die mit dem Dilemma, Informationen zu bekommen, die von vornherein falsch sind, einhergeht. Wenn Sie 100 Legastheniker fragen würden, welche Emotion sie am meisten mit ihrer Legasthenie assoziieren, würden wahrscheinlich 95 Prozent antworten: »Frustration.«

Legasthenie ist mehr als nur ein mechanischer Prozeß im Gehirn. Das wahre Bild von Legasthenie zeigt sich bei jemandem, der damit fertig zu werden versucht, in einer verwirrenden Welt zu leben und Fehler macht, die er sich nicht erklären kann. Aus diesem Grund ist Legasthenie bei jedem Kind anders, denn jedes macht auf seine Weise Fehler und findet seine eigene Weise, damit fertig zu werden und zu überleben.

Mit Frustration umgehen

Irgendwann wird ein legasthenisches Kind wegen seiner Fehler so frustriert, daß es anfängt, nach Wegen zu suchen, um seine Gefühle der Frustration zu überwinden oder zu umgehen, damit es nicht von ihnen überwältigt wird. Gewöhnlich setzt dieser Prozeß bei einem Kind im Alter von etwa acht bis neun Jahren ein.

Jedes legasthenische Kind wird seine eigenen Lösungen entwickeln, um mit seiner Frustration fertig zu werden. Welche Form diese Lösungen auch immer annehmen, sie werden alle etwas gemein miteinander haben.

1. Der Legastheniker benutzt bestimmte Vorgehensweisen, um Aufgaben zu erledigen, und Taktiken, um etwas zu wissen und sich daran zu erinnern.
2. Diese Lösungen müssen zumindest einmal funktioniert haben, bevor sie übernommen wurden.
3. Es sind umständliche Methoden, mit den Wirkungen der Desorientierung und den Fehlern, die infolgedessen gemacht werden, umzugehen.

Die Lösungen werden zu zwanghaften Verhaltensweisen – manchmal der einzige Weg, daß ein Kind in einer bestimmten Situation etwas leisten kann. Die meisten Kinder werden an irgendeinem Punkt aufhören, das Abc-Lied zu singen, weil sie die Reihenfolge der Buchstaben richtig gelernt haben, aber bei einem legasthenischen Kind, das das Abc-Lied als Erinnerungsstütze benutzt, wird das Singen zu einem Zwangsverhalten. Das Kind wird dieses Lied jedesmal singen müssen, wenn es ein Wort im Lexikon nachschlagen will, und es wird damit nicht aufhören können, auch wenn es sich noch so große Mühe gibt.

Das eigentliche Hindernis für den Lernprozeß

Diese auf Zwangsverhalten basierenden Lösungen sind insofern problematisch, als sie den Lernprozeß beeinträchtigen. Sie werden zur einzigen Möglichkeit, wie ein Kind eine bestimmte Aufgabe erfüllen kann. Im Grunde sind es gerade diese Verhaltensweisen, die die Lernbehinderung erzeugen.

Die Fehler, die auf Grund von Desorientierungen gemacht werden, sind nicht die wirkliche Lernbehinderung. Wir alle machen Fehler als Teil eines Lernprozesses. Die Behinderung rührt von den Einschränkungen her, die dem Lernprozeß auferlegt werden, wenn ein Kind gezwungen ist, sich als Reaktion auf Verwirrungszustände auf bestimmte Weise zu verhalten. Folglich kann man die Lernbehinderung eines legasthenischen Kindes nur dadurch korrigieren, daß diese zwanghaften Verhaltensweisen, die Hindernisse für richtiges Lernen, abgebaut und beseitigt werden. Durch weitere Experimente und Forschung gelang es Ronald Davis und seinem Team am Reading Research Council zu verstehen, wie das bewerkstelligt werden kann. Sobald die Hindernisse aus dem Weg geräumt sind, kann der wirkliche Lernprozeß stattfinden, und die Lernschwierigkeiten scheinen sich aufzulösen. Weitere Informationen über zwanghafte Verhaltensweisen und darüber, wie sie überwunden werden können, finden Sie im Abschnitt »Therapiemöglichkeiten« ab Seite 130.

Eine geführte Legasthenie-Tour

Um das Davis-Legasthenie-Modell plastischer darzustellen, wird dieser Abschnitt in Form einer geführten Tour durch einen Themenpark präsentiert, in dem Sie Informationen aus erster Hand erfahren können. Ich hoffe, daß diese Darstellung etwas von der Haltung vermittelt, die im Davis-Ansatz eingenommen wird. Sie ist sicherlich ganz anders als der Eindruck, den Sie vom herkömmlichen Modell erhalten haben.

Wenn Sie den Ausstellungsbereich dieses imaginären Themenparks betreten, werden Sie von einer Gruppe von legasthenischen Kindern im Alter zwischen 8 und 16 Jahren begrüßt, die Sie auf Ihrer Tour begleiten. Wenn Sie sich ganz darauf einlassen können, werden Sie Spaß daran haben, eine andere Betrachtungsweise der Legasthenie kennenzulernen.

Ausstellung I: »Nonverbales und verbales Denken«

Peter kommt als erster auf Sie zu und ergreift Ihre Hand. Er sagt aufgeregt: »Kommen Sie herüber, und sehen Sie, wie wir denken!« Sie werden in eine nahegelegene Tonkabine gezogen, in der sich am anderen Ende eine große Leinwand befindet. Peter schiebt Sie hinein, schaltet ein Gerät ein und schlägt die Tür zu.

Wörter bewegen sich über die Leinwand. Sie bilden eine einfache Geschichte über einen Jungen, der einen Hund im Wald spazierenführt. Während Sie die Wörter sehen, liest eine Stimme sie laut über Lautsprecher vor. Peter öffnet die Tür und tritt ein.

»Haben Sie verstanden, worum es geht?« fragt er. »Das wird verbales Denken genannt. Wenn Sie so denken, hören Sie die Laute von Wörtern im Kopf. Wir nicht. Legastheniker denken nicht mit den Lauten von Wörtern.«

Dann werden Sie eilig nach draußen und in eine benachbarte Kabine geführt. Peter schlägt wieder die Tür zu, geht zu einem Filmprojektor und schaltet ihn ein. Sie erkennen, daß der gleiche Film gezeigt wird, aber diesmal tauchen keine Wörter auf. Es ist lediglich ein Film in Farbe und ohne Ton über einen Jungen, der seinen Hund im Wald spazierenführt.

»Hören Sie!« flüstert Peter in einem dramatischen Ton. »So ist es, wenn ich denke. Ich sehe einfach die Bilder. Kein Laut in meinem Kopf! So läuft es ab, wenn wir denken. In Ordnung, das genügt. Lassen Sie uns weitergehen!« Und er rennt aus der Kabine und zur nächsten Ecke.

»Jetzt wartet mal, Jungs!« sagen Sie. »Laßt mich das richtig verstehen, bevor wir weitergehen. Willst du damit sagen, daß Legastheniker in Bildern und andere Menschen in Lauten denken? So wie ich mit mir spreche, wenn ich versuche, das Auto zu parken?«

»Genau!« rufen alle Kinder einstimmig.

»Aber was bedeutet das?« fragen Sie, als ob es nicht ganz klar wäre.

»Das bedeutet«, erklärt Simon mit übertriebener Geduld, »daß es für mich sehr schwierig ist, irgendein Wort zu lernen, wenn Sie mir zuerst den Laut geben. Ich muß im Geiste ein Bild davon haben, was das Wort bedeutet, und wenn Sie mir dann den Laut sagen, kann ich mich viel besser daran erinnern. Ich kann also keine Wörter lernen, indem ich sie in einzelne Laute zerlege. Ich werde ganz verwirrt. Und dann bin ich nur noch frustriert, weil ich nicht verstehe, was gesagt wird. Und nach einer Weile höre ich nicht mehr zu. Ich höre nur noch Bruchstücke. Und wenn ich trotzdem sitzenbleiben muß, wende ich mich ab.«

»Was machst du dann?« fragen Sie, neugierig darauf, was Simon wohl macht, wenn er sich langweilt.

»Ich denke einfach über etwas anderes nach, das mir gefällt. Genau das passiert. Ich kann mich nicht bremsen, und dann höre ich nicht einmal, was man zu mir sagt.«

»In Ordnung«, sagen Sie. »Ich habe es verstanden. Was kommt als nächstes?«

Ausstellung II: Die Maschine des Wahrnehmungstalentes

Simon hat sich jetzt zu Peter gesellt, und beide stehen vor einem großen Karussell, wie man es auch auf Festplätzen findet, wo man in kleinen Kabinen mit beängstigender Geschwindigkeit herumgewirbelt wird.

»Steigen Sie ein und halten Sie sich gut fest«, wird Ihnen gesagt.

Die Jungen klettern zu Ihnen in eine der Kabinen und nehmen vor einer Schalttafel Platz. Bevor Sie es sich bequem machen können, hat das Karussell bereits seine wilde Fahrt begonnen. Die beiden Jungen neben Ihnen behalten einen kühlen Kopf und steuern die Kabine in allen möglichen komplizierten Manövern.

»So, es reicht!« schreien Sie nach einer Weile, woraufhin die beiden nur ungern die Kabine zum Boden zurückbringen.

»Was sollte mir das Ganze über Legasthenie zeigen?« fragen Sie.

»In Ordnung«, sagt Peter, der sich weigert, direkt zur Sache zu kommen. »Schließen Sie jetzt die Augen, und stellen Sie sich das Haus vor, in dem Sie leben. Sagen Sie mir, wenn Sie ein Bild davon sehen. Sind Sie soweit?«

Sie nicken mit dem Kopf, sobald Sie ein Bild von Ihrem Zuhause im Geiste haben.

»Na schön«, mischt sich Simon ein, der das Verhör übernimmt, »was sehen Sie? Sagen Sie mir, welchen Teil Ihres Hauses Sie in Ihrem Bild betrachten.«

»Die Vorderfront«, antworten Sie.

»Stehen Sie am Eingangstor oder an der Haustür?« fragt Simon weiter.

»Ich betrachte mein Haus vom Eingangstor«, antworten Sie ihm.

»Gut, öffnen Sie die Augen. Darum geht es«, sagt er. »Darum geht es bei dieser Maschine.«

»Was? Erklär mir das genauer.«

»Sie haben dagestanden und in Ihrer Vorstellung das Bild von Ihrem Haus vom Eingangstor aus betrachtet.«

»Genau«, erwidern Sie.

»Nun, das ist unser Talent. Dieser Platz, an dem Sie gestanden und Ihr Haus betrachtet haben... Wir haben für diesen Platz einen Namen.«

»Geistiges Auge!« ruft Angela. »So nennen wir den Platz, von dem aus wir die imaginären Bilder in unserem Geist betrachten.«

»In Ordnung«, sagen Sie. »Und was hat es mit diesem geistigen Auge auf sich?«

»Legastheniker haben etwas, das wir als unser Wahrnehmungstalent bezeichnen. Wir können unser geistiges Auge bewegen, um die Bilder in unserer Vorstellung zu betrachten. Ebenso wie wir es in diesem Karussell getan haben, kann unser geistiges Auge umherschweifen und die Bilder, die wir in unserem Geist erschaffen, von oben und unten betrachten.«

»Aber unser geistiges Auge bewegt sich sehr viel schneller als die Maschine«, sagt Angela.

»Und ihr seid alle gut darin?« fragen Sie.

»Ja«, rufen alle Kinder.

»Warum bewegt Ihr euer geistiges Auge so schnell?« fragen Sie weiter.

»Wir betrachten Dinge aus allen Richtungen – von oben, von unten, von der Seite. Sehr schnell. Ich kann die andere Seite des Karussells in meiner Vorstellung sehen, indem ich es mit meinem geistigen Auge betrachte. Es ist ganz einfach. Wir fangen damit an, wenn wir noch ganz klein sind.«

»Ich tue das, ohne darüber nachzudenken«, erzählt Peter. »Im Unterricht mache ich das oft, wenn der Lehrer langweilig ist. Ich weiß, was überall vor sich geht. Sogar außerhalb des Klassenzimmers und hinter mir. Ich benutze einfach mein geistiges Auge, um zu sehen, was los ist. Ich weiß außerdem genau, was der Lehrer und die anderen Jungen in meiner Klasse fühlen. Ich weiß es einfach irgendwie. Ich kann es spüren.«

»Ja. Ich gehe einfach weg und betrachte die Bilder in meinem Geist, wenn ich die Rechenaufgaben an der Tafel nicht lösen kann. Das Problem ist nur, daß ich nicht hören kann, was der Lehrer sagt, wenn ich damit beschäftigt bin«, fügt Simon hinzu.

»Warum kannst du den Lehrer nicht hören, wenn du dein geistiges Auge bewegst?« fragen Sie.

»Wir werden desorientiert, wenn wir unser geistiges Auge bewegen.«

»Desorientiert? Was bedeutet das?« wollen Sie wissen.

»Das bedeutet, daß wir nicht sehen, was unsere Augen tatsächlich sehen, und nicht hören, was unsere Ohren tatsächlich hören. Wir sind verwirrt von dem, was um uns herum vor sich geht«, erklärt Simon.

Die anderen Kinder beteiligen sich an dem Gespräch:

»Und wir wissen nicht, ob die Zeit schnell oder langsam vergeht.«

»Und wir können das Gefühl haben, als würden wir uns bewegen, während wir in Wirklichkeit still dasitzen.«

»Alles wird verwirrend, wenn wir unser geistiges Auge überallhin bewegen.«

»Wenn ich desorientiert bin, kann ich die Wörter auf der Seite, die ich gerade lese, nicht mehr erkennen«, sagt Judy.

»Mir ist schwindelig«, fügt Peter hinzu. »Und wenn es ganz schlimm ist, glaube ich, daß ich mich erbrechen muß.«

»Mir hilft es, beim Lesen mit den Füßen auf den Boden zu klopfen. Dann ist mir nicht mehr so schwindelig. Das ist ebenfalls Desorientierung. Es kommt vom Lesen und Schreiben. Ich werde desorientiert, wenn ich versuche, Buchstabenverbindungen wie ›ch‹ oder ›sch‹ zu schreiben. Dann ist es schlimm«, erzählt Angela.

»Ich werde dann so verwirrt, daß ich Fehler mache, und der Lehrer ist dann furchtbar böse auf mich, und alle lachen mich aus. Ich hasse das«, ergänzt Judy.

»Was ihr mir also sagen wollt, ist folgendes: Wenn ihr euer geistiges Auge bewegt, werdet ihr desorientiert, und dann seid ihr verwirrt und euch ist sogar schwindelig. Und dann macht ihr Fehler. Stimmt das?« fragen Sie.

»Ja! Richtig!« Die Kinder gratulieren Ihnen, daß Sie den Punkt verstanden haben, den sie Ihnen so schnell dargelegt haben.

Jetzt schiebt Simon Sie hinüber zu einer Live-Demonstration der dritten Art, die alle Legastheniker miteinander teilen.

Ausstellung III: Die Toleranzschwelle für Verwirrung

»Stellen Sie sich einfach hierher«, weist Peter Sie an. »Genau an diese Stelle. Rühren Sie sich nicht, und schauen Sie nicht nach oben.« Er ist so hartnäckig, daß Sie gehorsam an dieser Stelle still stehenbleiben und nervös abwarten. Ihnen ist klar, daß gleich etwas passieren wird, aber Sie sind sich nicht sicher, was. Vor Ihnen steht ein großer Behälter auf einer drehbaren Unterlage. Simon dreht eine Kurbel, worauf der Behälter sich langsam in Ihre Richtung neigt. Jetzt können Sie sehen, daß der Behälter fast bis zum Rand mit Hunderten von bunten Pingpongbällen gefüllt ist. Peter steht auf einer Hebebühne und schüttet eimerweise Bälle in den Behälter, während dieser sich langsam auf Sie zu neigt. Der Behälter steht inzwischen ziemlich wackelig da. Sie können sehen, daß das ganze Ding umkippt, wenn Peter noch einen Eimervoll hinzugibt, und Sie dann von einer Lawine von Pingpongbällen überrollt werden. Und natürlich passiert genau das.

»Jaaa!« rufen alle Kinder zusammen und amüsieren sich prächtig über den Anblick, wie Sie unter den Pingpongbällen verschwinden.

»Und was soll mir damit gezeigt werden?« fragen Sie.

»Das ist die dritte Eigenschaft der Legastheniker, die andere Leute nicht haben«, ruft Peter. »Diese Bälle sind die Verwirrung, und wir reagieren sehr empfindlich auf Verwirrung.«

»Ich kann Ihnen erzählen, wie das ist«, meldet sich Angela zu Wort. »Ich bin mit irgend etwas in der Schule beschäftigt. Mit einer Aufgabe. Und dann wird es immer schwieriger und schwieriger, aber ich mache weiter und werde verwirrt. Schließlich bin ich so verwirrt, daß sich mein geistiges Auge bewegt und ich desorientiert bin. Dadurch wird die Verwirrung nur noch größer. Es ist so wie mit diesem Behälter. Ich erreiche einfach einen Punkt, an dem es zuviel wird. Und weg bin ich.«

»Weg? Wohin?« fragen Sie.

»Wenn die Verwirrung zu groß wird, bewegt sich mein geistiges Auge weg, und ich bin desorientiert. Ich will einfach verschwinden. Manchmal brauche ich nur aufzustehen und irgendwohin zu gehen. Wenn ich aber sitzenbleiben muß, verschwindet mein geistiges Auge irgendwohin. Ich desorientiere mich.«

»Als ich den letzten Eimer ausleerte«, erklärt Peter, »war der Punkt erreicht, an dem der Behälter umkippte. Wir bezeichnen diesen Punkt als die Toleranzschwelle. Wenn die Verwirrung zu groß für uns wird, überschreiten wir die Schwelle und werden desorientiert.«

»Und Legastheniker sind besonders«, ergänzt Judy. »Wir haben einen ganz kleinen Behälter. Nicht so groß wie dieser hier. Ich werde wirklich sehr schnell verwirrt.«

»Wir haben eine niedrige Schwelle«, sagt Angela. »Andere Leute, die nicht legasthenisch sind, halten es länger aus, bevor sie verwirrt werden. Wir kippen viel eher um.«

»Der Grund dafür liegt darin, daß wir ein geistiges Auge haben, das sich bewegt. Normalerweise werden wir von außen nicht sehr verwirrt. Ich weiß die meiste Zeit, was vor sich geht. Es passiert nur, wenn ich in der Schule bin und lese oder so. Dann werde ich von Wörtern, Dingen, Zahlen und dem, was der Lehrer sagt, verwirrt. Dann kann ich nichts verstehen und werde verwirrt, und irgendwann wird alles einfach zuviel.«

»Könnt ihr mir erklären, wie es ist, desorientiert zu sein?« fragen Sie.

»Machen Sie sich keine Sorgen«, sagt Simon. »Nicht jeder kann auf Anhieb verstehen, wie das funktioniert. Legastheniker verstehen das gewöhnlich sofort, aber andere brauchen mehr Zeit. Sehen Sie, es ist nicht etwas Komisches, das nur Legastheniker tun. Jeder tut es manchmal. Kommen Sie herüber, und stellen Sie sich neben diese Bank.«

Sie folgen seinen Anweisungen. Simon setzt sich auf die Bank, und Sie stehen vor ihm.

»Jetzt drehen Sie sich so schnell, wie Sie können, zehnmal im Kreis, und dann setzen Sie sich zu mir«, sagt er.

Gehorsam drehen Sie sich so schnell wie möglich zehnmal herum und setzen sich ungeschickt neben Simon hin. Ihnen dreht sich alles. Er reicht Ihnen ein Blatt Papier und fragt: »Was steht auf dem Blatt?«

Sie betrachten es und sehen, daß es beschrieben ist, aber die Wörter sind unscharf und verschwimmen vor Ihren Augen. »Ich kann es nicht sagen. Es dreht sich alles.«

Die Kinder schreien: »Bekommen Sie es heraus! Geben Sie sich mehr Mühe!«

»Wie fühlen Sie sich?« fragt Simon.

»Ich fühle mich, als würde ich gleich von der Bank herunterfallen«, stöhnen Sie.

»Gut. Ende der Demonstration«, sagt Simon. »Das meinen wir damit, wenn wir sagen, daß unser Gehirn Dinge erfindet, die in Wirklichkeit nicht passieren, wenn wir unser geistiges Auge bewegen. Wir bezeichnen das als Desorientierung. Genau das, was mit Ihnen geschehen ist, nachdem Sie sich im Kreis gedreht haben. Ich wußte, daß sich die Welt nicht wirklich bewegt hat und daß die Wörter deutlich waren, weil ich nicht desorientiert war. Sie haben sich gefühlt, als würden Sie gleich umfallen. Aber ich konnte sehen, daß Sie still dagesessen haben. Das passiert also jedem manchmal.

Das gleiche passiert, wenn Sie in einem Zug sitzen und der Zug neben Ihnen im Bahnhof fährt los, aber Sie denken, daß der Zug, in dem Sie sitzen, sich bewegt. Ihre Augen sagen Ihnen, daß Sie sich vorwärtsbewegen, aber Ihr Bauch weiß, daß Sie stehen. Weil das für Ihr Gehirn keinen Sinn ergibt, glauben Sie, sie würden sich bewegen, obwohl es in Wirklichkeit nicht zutrifft.

Legasthenische Kinder unterscheiden sich von anderen Kindern insofern, als wir es viel häufiger tun und nicht nur hin und wieder. Wann immer wir von etwas verwirrt sind, bewegen wir unser geistiges Auge, um zu verstehen, was es ist, was wir sehen. Wenn wir also verwirrt sind, fängt unser Gehirn immer an, das zu erfinden, was wir seiner Meinung nach sehen und hören und fühlen *sollten*. Wir werden desorientiert, und dann sind die Dinge für uns anders als für alle anderen. Wir gehen in solche Zustände hinein und wieder hinaus. Manchmal ist es nur für kurze Zeit. Dann wiederum können wir eine Stunde oder länger desorientiert sein. Wir können auch desorientiert werden, wenn wir mit offenen Augen träumen. Dann passiert das gleiche, aber es ist unser geistiges Auge, das sich bewegt.

Wenn wir desorientiert sind, können wir nicht richtig hören, was die Lehrer, unsere Mütter oder Väter zu uns sagen. Wir können nicht deutlich sehen, was an der Tafel steht, und wir können keinen Anweisungen folgen. Wir sind von allen möglichen anderen Dingen um uns herum verwirrt. Das ist sehr frustrierend.«

»In Ordnung, danke. Das habe ich jetzt verstanden. Was kommt als nächstes?« fragen Sie.

Ausstellung IV: Das verkehrt herum funktionierende Fahrrad

Sally gibt Ihnen ein Fahrrad und sagt: »Fahren Sie einfach mit diesem Fahrrad zu dem Baum da unten und wieder zurück. Es ist ganz einfach.«

Gehorsam steigen Sie auf das Fahrrad, und sobald Sie anfangen, das Pedal zu treten, wissen Sie, daß das Ganze eine heikle Angelegenheit ist. Es ist eines dieser Kunstfahrräder, bei denen man die Lenkstange auf die entgegengesetzte Weise drehen muß, als man es normalerweise tun würde, um das Gleichgewicht zu halten. Nachdem Sie es einige Minuten lang ausprobiert haben und nur ein paar Meter den Pfad hinunter geschafft haben und dabei mehrmals schmachvoll gestürzt sind, geben Sie auf. Sie kochen vor Frustration und fühlen sich wie ein Narr vor all den Kindern, die Ihnen zuschauen. Sie können es Ihnen vom Gesicht ablesen, daß Sie verstanden haben, was sie meinen.

Angela ergreift das Wort. »Wir wollten Ihnen nur zeigen, wie es ist, wenn Eltern oder Lehrer uns so behandeln, als könnten wir nicht auf uns aufpassen. Wir sind nicht dumm und hilflos.«

»Bekommen Sie allmählich eine bessere Vorstellung davon, wie es bei Legasthenikern funktioniert?« fragt Peter.

Ausstellung V: Das Edelsteinmodell

Sally winkt Sie zu einem niedrigen Gebäude mit verdunkeltem Eingang in einem Garten herbei. An der Tür ist ein großes Schild mit der Aufschrift »Der Edelstein der Legasthenie« angebracht. Zusammen betreten Sie einen großen, schwach erleuchteten Raum. In diesem Raum befindet sich nur ein großer Edelstein mit einem Durchmesser von etwa 60 Zentimetern. Sie nähern sich dem Stein und erkennen, daß es sich bei ihm lediglich um ein Hologramm handelt, das in der Luft hängt. Wenn Sie ihn aus der Nähe betrachten, können Sie tiefer in den Edelstein hineinsehen. Unter der Oberfläche einer jeden Facette befinden sich Bilder von Menschen, die mit verschiedenen Dingen beschäftigt sind. Als Sie bewundernd um den Edelstein herumgehen, rennt Simon zu Ihnen und sagt: »Sehen Sie mal, ich kann dies und dies und das hier.« Er läuft herum und zeigt auf verschiedene Facetten am Edelstein.

»Was meinst du damit?« fragen Sie.

»Nun, jede dieser Flächen stellt etwas anderes dar, das Legastheniker tun können. Einige davon sind gute Dinge – beispielsweise bin ich sehr gut im Zeichnen, und ich kann für meine Schule Fußball spielen. Und einige sind schlechte Dinge – dieses Feld bedeutet beispielsweise ›schlecht im Lesen‹, das hier ›schlechte Handschrift‹ und dieses ›nicht rechnen können‹. Sie sind hier also alle bunt gemischt, die guten Dinge und die schlechten.«

»Du meinst also, daß Menschen eine Mischung aus guten und schlechten Fähigkeiten gleichzeitig haben können?« fragen Sie.

»Natürlich«, erwidert Simon. »Genau so ist es, wenn man Legastheniker ist. Gestern war jemand hier, der zwar gute Fähigkeiten besitzt, aber er macht noch immer ins Bett. Das ist hier auch irgendwo zu sehen.«

»Willst du mir damit sagen, daß Legasthenie nicht nur die Dinge umfaßt, die dir schwerfallen, sondern auch diejenigen, in denen du besser bist als die anderen Kinder?«

»Ja, natürlich!« rufen alle Kinder gleichzeitig. »Aus diesem Grund sagen einige Leute, daß man die *Gabe* der Legasthenie hat.«

Ausstellung VI: Die drei Säulen

Bevor Sie wissen, wie Ihnen geschehen ist, stehen Sie vor drei gewaltigen weißen Säulen auf einem Hügel. Auf dem Schlußstein über den Säulen ist das Wort DESORIENTIERUNG in großen Buchstaben angebracht. In den Schlußstein selbst sind die Wörter VERWIRRUNG IN BEZUG AUF eingemeißelt. Und in jede der drei Säulen ist ein Name eingeritzt:

UMGEBUNG
IDENTITÄT
ZEIT

»Was bedeutet Verwirrung in bezug auf die Umgebung?« fragen Sie.

»Das bedeutet, wenn ich nicht weiß, wo ich bin. Dann weiß ich zum Beispiel nicht, wo links und rechts ist, was oben und unten ist. Ich kann die Dinge nicht mehr in die richtige Reihenfolge bringen.«

»Was ist mit Identität?«

»Einfach. Damit ist gemeint, wenn ich etwas ansehe und keine Ahnung habe. Ich betrachte einen Buchstaben oder ein Wort, und es ist einfach leer. Identität ist das, was etwas ist. Man sieht etwas oder hört etwas und weiß nicht, was es bedeutet.«

»Und Zeit?«

»Das liegt auf der Hand, oder nicht? Das bedeutet zum Beispiel, wenn man nicht weiß, wie lange man braucht, um etwas zu erledigen, oder wie spät es ist, wenn man die Uhr nicht lesen kann. Sie bedeutet mir überhaupt nichts.«

Oskar, der erst acht oder neun Jahre alt ist, mischt sich ins Gespräch. »Ich habe nie gewußt, ob das Frühstück nach dem Mittagessen kommt oder vorher. Ich habe nicht gewußt, was als nächstes passieren würde, wenn ich von der Schule nach Hause kam. Ich war glücklich in der Schule, weil man mir gesagt hat, was ich als nächstes tun sollte. Aber nachmittags nach der Schule wußte ich es nicht. Ich bekam Angst, weil ich nie wußte, was ich mit mir anfangen sollte.«

»Und weißt du das jetzt?«

»Ja. Hören Sie mal!« Und er sagt Ihnen die Reihenfolge seiner täglichen Mahlzeiten auf.

Ausstellung VII: Der Symbolgarten

Jetzt stürmen die Kinder davon in einen kleinen Garten. Sie werden zu einer Seite hinübergeführt, wo in der Mitte eines kreisförmigen Rasens ein Baum steht. Der Rasen wird von einer niedrigen Buchsbaumhecke umgeben und halbiert. Neben dem Baum sind etwa ein Meter hohe Buchstaben aus Styropor angeordnet, die das Wort BAUM bilden. Auf der anderen Seite des Rasens befindet sich ein Kopf mit offenem Mund, der ebenfalls aus Styropor ist. Oskar langt hinauf und zieht an dem Ohrläppchen des Kopfes. Langsam öffnet sich der Mund, und eine mechanische Stimme verkündet laut: »BAUM.«

»Das ist ein Symbol!« sagen alle Kinder triumphierend.

»Erklärt mir das bitte«, sagen Sie. »Das habe ich nicht ganz verstanden.«

»Ein Symbol setzt sich aus drei Teilen zusammen – was es bedeutet, wie es aussieht und wie es klingt«, singen die Kinder einstimmig.

Da Sie noch immer verwirrt dreinblicken, wiederholen die Kinder die Erklärung, und sobald ein Bestandteil des Symbols erwähnt wird, läuft eines von ihnen hin und berührt den betreffenden Teil des Symbols auf dem Rasen – zuerst den Baum, dann die großen Buchstaben und schließlich den Kopf, der den Laut von sich gibt.

»Gut«, sagen Sie, »das habe ich jetzt verstanden. Der Baum in der Mitte ist also das, was das Symbol bedeutet, und die beiden anderen Dinge sind das hörbare und das sichtbare Symbol.«

»Ja, das stimmt. Wir denken mit Bildern. Zuerst gehen wir also direkt zum mittleren Teil, und dann können wir die beiden anderen Teile hinzufügen.«

Die Kinder führen Sie jetzt zu einem anderen kreisförmigen Rasen im Garten, der ebenfalls von einer Buchsbaumhecke halbiert wird. Auf der linken Seite stehen drei ein Meter hohe Buchstaben aus Styropor: D E R. Rechts befindet sich ein weiterer großer Kopf. Judy läuft zu dem Kopf, zieht am Ohr, und laut dröhnend ertönt »D E R«. Aber in der Mitte zwischen den Buchstaben und dem Laut fehlt etwas auf der Wiese.

»Und wo ist die Bedeutung?« fragen Sie die Kinder, während Sie sich umsehen.

»Sagen Sie es uns«, antworten sie mit einem wissenden Lachen. »Sagen Sie uns, was ›D E R‹ bedeutet.«

Einen Augenblick lang haben Sie ein Brett vor dem Kopf.

»Zu spät, zu spät«, rufen die Kinder und tanzen um Sie herum.

»Was meint ihr damit, es ist zu spät?« fragen Sie.

»Wenn wir lesen und ein Wort sehen, dessen Bedeutung wir nicht wissen, werden wir einfach verwirrt. Wenn es dann viele Wörter sind, zwischen denen etwas in der Mitte fehlt, wie dieses Wort ›DER‹, entstehen so viele leere Bilder beim Denken, daß die Verwirrung zu groß wird. Unser geistiges Auge beginnt sich zu bewegen.«

»Und was passiert dann?« fragen Sie.

»Wir werden desorientiert. Und dann geht es mit den Fehlern los«, erwidert Peter. »Zum Beispiel stehe ich in der Klasse auf und versuche zu lesen. Wenn dann eines dieser leeren Wörter kommt, zu denen es keine Bedeutung gibt, werde ich verwirrt, und mein geistiges Auge bewegt sich. Ich übersehe das nächste Wort oder sage es falsch, und alle lachen. Dadurch wird alles nur noch schlimmer. Ich bekomme dann nichts mehr mit und habe keine Ahnung, was ich tue. Es ist schrecklich. Aber so ist es mir früher ergangen. Jetzt kann ich lesen, ohne daß sich diese leeren Bilder einstellen.«

»Und wie machst du das?« fragen Sie gespannt.

Peter antwortet: »Ich zeige es Ihnen« und geht hinüber zu einem weißen Brett auf dem Rasen und tritt darauf. Ein Teil des Rasens öffnet sich, und eine Statue von einem Jungen, der auf einen Ball zu seinen Füßen zeigt, steigt empor. Die Statue verkündet: »Der Ball! Das, was hier ist oder erwähnt wird.«

Peter dreht sich zu Ihnen und sagt: »Sie haben gerade die Bedeutung von ›DER‹ entdeckt. Wir müssen die Bedeutung hinzufügen! Wir denken mit der Bedeutung der Wörter, das ist der wichtigste Teil für uns.«

Nachdem Sie schließlich diese Logik erkannt haben, fragen Sie: »Und wie macht ihr das? Wie fügt ihr die Bedeutung hinzu?«

»Warten Sie, wir erklären es Ihnen. Aber zuerst müssen Sie mitkommen und sich unser spezielles Kino dort drüben ansehen.«

Ausstellung VIII: Der Film mit den Lücken

Sie werden in ein kleines Kino hineingeführt, und Judy schaltet den Projektor ein. Ein Mann redet über die Wörter, die Legastheniker nur mühsam lesen können, weil ihre Bedeutung schwer zu verstehen ist.

»Es gibt mehr als 200 solcher Wörter«, vertraut Angela Ihnen an. »Bis jetzt habe ich 26 geschafft. Es sind all die dummen kleinen Wörter wie ›und‹, ›zu‹, ›auf‹ und ›sogar‹ – die Sorte Wörter, an die wir uns erinnern sollen, aber nicht können, weil wir nichts haben, was uns an sie erinnert.«

»Wir nennen sie ›Auslösewörter‹«, fügt Oskar hinzu.

Plötzlich ist auf der Leinwand nichts zu sehen, und der Ton fällt aus – nur für einen Augenblick. Und dann läuft der Film weiter, aber es fällt Ihnen schwer, den Faden der Geschichte wieder aufzunehmen. Gerade wenn Sie glauben, ihn gefunden zu haben, ist auf der Leinwand wieder nichts zu sehen. Diesmal dauert die Störung länger. Als endlich wieder etwas zu sehen ist, haben Sie den Faden endgültig verloren. Der Film wird zum Anfang zurückgespult und wiederholt. Aber an denselben Stellen passiert wieder das gleiche. Sie verlassen frustriert das Kino.

»Dann erzählt mir mal, was ihr mir dort zeigen wolltet.«

»Die leere Stelle kommt, wenn wir das Auslösewort lesen«, erklärt Judy. »Wenn der Text, den wir lesen, zu viele dieser Wörter enthält, werden wir verwirrt. Dann bewegt sich unser geistiges Auge suchend herum, um die Verwirrung loszuwerden. Wenn das geschieht, sehen wir nicht mehr, was wirklich im Buch steht. Unser Gehirn fängt an, sich etwas auszudenken oder etwas auszulassen. Dann müssen wir zurückgehen und wieder von vorn anfangen, um den Text zu verstehen. Aber das gleiche passiert wieder. Früher habe ich nach einer Weile einfach aufgegeben. Ich konnte nie bis zum Ende kommen und es verstehen. Wegen dieser Auslösewörter bekam ich beim Lesen Kopfschmerzen. Ich mußte mich so anstrengen.«

Während des Gesprächs führen die Kinder Sie zu einem großen Glasgebäude im Park. Schließlich stellen Sie die wichtigste Frage: »Aber was könnt ihr dagegen tun?«

Peter zeigt auf das Gebäude und sagt: »Das!«

In dem Gebäude können Sie Kinder und Erwachsene sehen, die an Tischen sitzen. Auf den Tischen liegen Bücher, die wie Wörterbücher aussehen, und die Leute formen Gegenstände aus Knete. Jeder modelliert etwas anderes.

»Was machen sie denn da?« fragen Sie.

Judy antwortet: »Sie trainieren die Symbolbeherrschung für Auslösewörter!«

Peter fügt hinzu: »Sie sind orientiert und kreieren die Bedeutung der Wörter mit Knetemodellen, so daß sie mit ihnen denken können. Dadurch wird verhindert, daß die leeren Bilder auftreten.«

Schließlich sind alle Teile zusammengekommen. »Ist das wirklich so einfach?« fragen Sie.

Die Kinder kichern und lächeln zustimmend.

»Und es ist leicht!« ergänzt Judy. »Wir verwenden die Art und Weise, wie wir denken, um den Wörtern Bedeutung zu geben. Lernen ist leicht, wenn man es uns auf die gleiche Weise beibringt, wie wir denken!«

Ihre Führer durch die Tour

Bei den Kindern, die Sie durch den Davis-Legasthenie-Themenpark geführt haben, fällt sofort einiges auf:

1. Sie sind selbstsicher und selbstbewußt. Sie sind überzeugt von dem, was sie Ihnen erzählen, weil es von ihrer unmittelbaren Erfahrung herrührt. Die Bedeutung ihrer Erfahrungen stimmt mit den Bedeutungen im Davis-Legasthenie-Modell überein.
2. Sie reden über ihre Lernschwierigkeiten ganz anders, als man es erwarten würde. Es liegt auf der Hand, daß die Kinder verstehen, was vor sich geht, wenn sie Probleme in der Schule haben. Und sie merken, daß sie in der Lage sind, diese Probleme mit ihrem Verständnis davon, wie ihre Legasthenie funktioniert, zu beheben. Sie sind bereits damit beschäftigt, die ihnen durch dieses neue Verständnis an die Hand gegebenen Werkzeuge zu benutzen und sich mit diesem neuen Standpunkt auf ihre Umgebung zu beziehen.

Hilfe für das Kind

Für ein tieferes Verständnis vom Zusammenwirken der Bestandteile der Legasthenie verweise ich auf Ronald Davis' Buch über Legasthenie (siehe »Weiterführende Literatur«). Aber ich hoffe, daß Sie inzwischen ein genügend klares Bild davon haben, was in Ihrem legasthenischen Kind vor sich geht, so daß Sie ihm mit diesem Modell helfen können.

Es liegt auf der Hand, daß Ihr Kind idealerweise ebenfalls ein Verständnis von der Funktionsweise seiner Legasthenie hat. Wenn es verstehen kann, was mit ihm passiert, wenn es von Verwirrung überwältigt und desorientiert wird, kann es auch verstehen, warum es unter diesen Umständen Fehler macht. Es kann außerdem verstehen, was es unternehmen muß, um diese Desorientierungen abzustellen und aufzuhören, Fehler zu machen.

Im Rahmen dieses Buches kann ich Ihnen einige allgemeine Richtlinien dazu geben, Ihrem Kind zu helfen. Wenn Sie die grundlegenden Prinzipien verstehen, auf denen diese Richtlinien basieren, können Sie sie auf Ihre Familiensituation anwenden. Das bedeutet, Sie können verwenden, was den Bedürfnissen Ihres Kindes und Ihrer Familie entspricht, anstatt sich an ein riesiges Regelwerk halten zu müssen.

Was Sie an Hilfe leisten können, hängt in erster Linie vom Alter Ihres Kindes ab. Ich habe diesen Abschnitt in vier verschiedene Altersgruppen eingeteilt. Die Einteilungen selbst stellen die Altersstufen dar, in denen oft bedeutsame Entwicklungen oder Veränderungen in der Legasthenie eines Kindes ablaufen.

1. Bis zum 6. Lebensjahr.
2. Vom 6. bis zum 9. Lebensjahr.
3. Vom 9. bis zum 12. Lebensjahr.
4. Über das 12. Lebensjahr hinaus.

In jedem Teil finden sich Hinweise auf die drei Grundbegriffe, die in der geführten Tour durch den Legasthenie-Themenpark beschrieben wurden. Diese Begriffe können erklären helfen, warum ein Kind einen bestimmten Symptomkomplex aufweist. Sie können außerdem erläutern, welche Schritte man am besten als Reaktion auf diese Symptome unternimmt.

Zur Erinnerung werden diese Grundbegriffe noch einmal in groben Zügen dargestellt.

Grundbegriffe

Bildhaftes Denken

Einer der wichtigsten Aspekte, den Sie in bezug auf die Legasthenie Ihres Kindes verstehen sollten, ist, daß sie sich im Laufe seines Wachstums entwickelt und verändert. Diese Weiterentwicklung steht unmittelbar mit einer anderen Entwicklung in Zusammenhang, die alle Kinder durchlaufen – die Art und Weise, wie sie denken. Wie bereits erwähnt wurde, unterscheiden wir zwei Arten des Denkens – das bildhafte oder nonverbale Denken, das heißt, das Denken in Bildern mittels Bedeutungen oder Ideen und Begriffen, und das verbale Denken mittels der Laute von Wörtern, so als würde man einen inneren Dialog führen.

Alle Kinder sind bildhafte Denker, bevor sie lernen, Wörter zu verwenden und mit ihnen zu denken. Das Alter, in dem ein Kind anfängt, sowohl verbal als auch nonverbal zu denken, hat eine direkte Wirkung auf die Entwicklung legasthenischer Symptome.

Um die meisten allgemein anerkannten Symptome von Legasthenie aufzuweisen, muß ein Kind bis zum neunten Lebensjahr vorwiegend ein nonverbaler Denker sein. Die meisten Kinder sind ungefähr nach dem fünften Lebensjahr in der Lage, sowohl in Wörtern als auch in Bildern zu denken. Was legasthenische Kinder von anderen Kindern unterscheidet, ist, daß sie das verbale Denken viel später entwickeln.

Für den überwiegenden Teil des Lernstoffes, den ein Kind in der Schule zu bewältigen hat, muß es verbal denken können. Jedes Kind, das primär nonverbal denkt, wird Schwierigkeiten haben, Informationen zu lernen, die hauptsächlich in Form von Lauten präsentiert werden. Laute sind nicht immer mit Bedeutungen verbunden, und gerade das macht es für bildhaft denkende Kinder so schwer, denn um die Information zu verstehen, brauchen sie die Bedeutung eines Wortes.

Einige legasthenische Kinder werden fast nie in Wörtern denken. Und diese Kinder werden die meisten Probleme in der Schule und in jeder Umgebung haben, wo Wörter und Laute die wichtigste Form der Kommunikation darstellen.

Die Toleranzschwelle für Verwirrung

Legasthenische Kinder reagieren empfindlicher auf Verwirrung. Den Moment, an dem sie von ihrer Verwirrung überwältigt werden, können wir als »Toleranzschwelle für Verwirrung« bezeichnen. Legasthenische Kinder haben eine niedrigere Schwelle. Diese Toleranzschwelle oder Empfindlichkeit ist nicht gleichbleibend oder unveränderlich. Sie wird größer oder kleiner, sogar im Verlauf eines Tages.

Abgesehen von der Verwirrung in bezug auf Wörter und Symbole können noch andere Faktoren dazu beitragen, daß die Toleranzschwelle gesenkt und die Fähigkeit eines Kindes, orientiert zu bleiben, beeinträchtigt wird. Die folgende vom Reading Research Council zusammengestellte Liste kann Ihnen helfen, sich darüber klar zu werden, wodurch sich die legasthenischen Symptome Ihres Kindes verschlimmern können:

- Ermüdung
- Schlechte Ernährung oder nicht genügend Nahrung
- Krankheit, Schmerzen oder Verletzung
- Drogen und Medikamente
- Sehr kleine Druckschrift
- Sehr schwache Druckschrift
- Unterschiedliche Schriftarten und -bilder
- Laute Geräusche
- Bestimmte Töne
- Bestimmte Gerüche
- Schlechte Beleuchtung (zu stark oder zu schwach)
- Übermäßige Bewegung (Ventilatoren, bewegliche Dekorationen)
- Umgestellte Möbel
- Änderung in der geregelten Umgebung
- Umzug
- Nicht vorgesehene Änderungen
- Strafandrohungen
- Familienstreit

- Angst
- Verlust
- Irgend etwas, das an eine vergangene unangenehme Erfahrung erinnert

Desorientierung

Bei legasthenischen Kindern ist das Talent, das geistige Auge zu bewegen und sich folglich zu desorientieren und sinnliche Wahrnehmungen zu verändern, aktiv. Diese Desorientierungen und anschließenden Wahrnehmungsverzerrungen können sich als Reaktion auf ihre Verwirrung in bezug auf folgende drei Faktoren einstellen: Umgebung, Identität und Zeit. Desorientierungen können außerdem auftreten, wenn legasthenische Kinder phantasieren und tagträumen. Während dieser Tätigkeiten funktioniert das Gehirn in derselben Weise wie bei ihren Reaktionen auf Verwirrung. Das bedeutet, daß die gleichen Verzerrungen in den Wahrnehmungen vorhanden sind.

1. Bis zum 6. Lebensjahr

Bei einem Kind in diesem Alter suchen wir keine Lernbehinderung, sondern halten Ausschau nach zwei charakteristischen Merkmalen: Denkt das Kind bildhaft, und besitzt es die Gabe, das geistige Auge zu bewegen?

Zeichen, auf die Sie achten sollten

- Ziehen Sie in Betracht, daß legasthenische Kinder niemals durchschnittlich sind. Sie werden nie »irgendwo in der Mitte« sein, egal, in welchem Bereich. Man wird sie immer an den äußersten Enden jeder Skala finden. Ein legasthenisches Kind läßt sich vielleicht mit dem Laufen oder Sprechen Zeit, oder es kann laufen oder vollständige Sätze von sich geben, lange bevor man das als »normal« betrachten würde.
- Bedenken Sie außerdem, daß alle Symptome der Lernbehinderung Symptome von etwas anderem als der Reaktion auf Verwirrung sein

können. Offensichtliche Beeinträchtigungen in einem der Sinne – Sehen, Hören, Gleichgewicht und Koordination – sollten natürlich ärztlich überprüft werden, wenn sie anhalten. Sollte aus den Untersuchungen hervorgehen, daß mit den Sinnen alles in Ordnung ist, besteht Grund zur Annahme, daß Beeinträchtigungen und Lernschwierigkeiten durch Desorientierung als Folge von Verwirrung oder Tagträumen verursacht sein können.

- Wenn das Kind Interesse daran zeigt, mit Knete zu spielen, kann diese Aktivität als Teil der Vorschulerziehung einbezogen werden. Wenn Sie zusammen mit Ihrem Kind die Buchstaben des Alphabets aus Knete modellieren, ohne es zu drängen oder mit Erwartungen zu belasten, vermitteln Sie dem Kind eine unmittelbare Erfahrung der Symbole, denen es in der Schule begegnen wird.
- Wenn Ihnen auffällt, daß Ihr Kind in bestimmten Situationen oder Umgebungen verwirrt wird, machen Sie sich die Wirkung bewußt, die diese Verwirrung auf seine Sinne haben wird. Vielleicht wird es desorientiert und hört nicht, was Sie sagen. Es kann unbeholfen und unkoordiniert werden und Gegenstände kaputtmachen oder fallen lassen.
- Es sollte in Betracht gezogen werden, ob Ihr Kind viel tagträumt. Exzessives Tagträumen wird sich auf seine Fähigkeit, ein inneres Zeitgefühl zu entwickeln, auswirken. Es kann mit Reihenfolgen und Ordnung mehr Schwierigkeiten haben als andere Kinder.
- Rufen Sie sich das »Edelsteinmodell« der Legasthenie ins Gedächtnis zurück und halten Sie Ausschau nach den Talenten Ihres Kindes, auch wenn es noch jung ist. Konzentrieren Sie sich nicht nur auf die Dinge, die ihm vielleicht schwerfallen. Heben Sie seine Begabungen hervor und fördern Sie sie. Dadurch erhält es eine solide Grundlage, auf der es aufbauen kann, wenn es gilt, mit Symbolen und Verwirrungen fertig zu werden.
- Wenn Ihr Kind vor der Einschulung den Kindergarten besucht hat, bekommen Sie vielleicht Informationen vom Lehrer, die nicht mit dem übereinstimmen, wie Ihr Kind sich Ihres Wissens verhält. Seien Sie nicht beunruhigt, überrascht oder wütend auf den Lehrer. Es besteht die Möglichkeit, daß Ihr Kind zu Hause keines der Symptome der Legasthenie an den Tag legt. In der Schule können ein höheres Maß an Verwirrungen und andere Faktoren dazu beitragen, daß sich

seine Toleranzschwelle für Verwirrung senkt, so daß sich diese Symptome dort zeigen, während Sie zu Hause nichts davon merken. Allein der Streß und die Emotion, die damit zusammenhängen, in der Schule zu sein, können ausreichen, um die Schwelle zu senken und legasthenische Symptome und die damit verbundenen Reaktionen auftreten zu lassen.

2. Vom 6. bis zum 9. Lebensjahr

Zeichen, auf die Sie achten sollten

- Schwierigkeiten beim Lesen und Schreiben
- hartnäckiges und regelmäßiges Verdrehen von Zahlen und Buchstaben (z. B. »15« statt »51«, »b« statt »d«)
- verwechseln von links und rechts
- Schwierigkeiten mit dem Alphabet und dem Einmaleins und mit Reihenfolgen wie den Wochentagen und den Monaten
- anhaltende Schwierigkeiten, die Schnürsenkel zu binden, einen Ball zu fangen, zu hüpfen usw.
- Unaufmerksamkeit und schlechte Konzentration
- Frustration, die möglicherweise zu Verhaltensauffälligkeiten führt

Was im allgemeinen zu berücksichtigen ist

- Ihr Kind ist vielleicht in der Schule zurecht gekommen, scheint aber plötzlich eine Barriere zu erreichen, mit der es nicht mehr fertig wird. Gewöhnlich geht es bei der Barriere darum, mit verwirrenden Symbolen arbeiten zu müssen.
- Zeichen von Rebellion oder Zurückgezogenheit deuten darauf hin, daß Ihr Kind diese Barriere der Verwirrung und Frustration erreicht hat und sie bei Schularbeiten nicht überwinden kann.
- Achten Sie auf Zeichen von abnehmender Selbstachtung, von Selbstzweifel, von Krisen mit Freunden in der Schule, von dem Gefühl, nicht gut genug zu sein, von Ablehnung von Freunden.
- Eine kurze Aufmerksamkeitsspanne beim Erledigen einer Aufgabe ist ein Zeichen dafür, daß etwas Ihr Kind verwirrt. Wenn es in Verwirrung und Frustration gerät, weil es etwas nicht verstehen kann, wird

es von Verwirrung überwältigt und wird sich zurückziehen, indem es weggeht. Dieses Weggehen sieht vielleicht so aus, als ob es seine Aufmerksamkeit nicht sehr lange auf eine Sache richten könnte. Wenn es verstehen würde, was es tun soll, und nicht verwirrt wäre, hätte es kein Problem damit, sich auf die Aufgabe zu konzentrieren. Für die meisten Kinder sind Computerspiele ein gutes Beispiel für etwas, das ihre Aufmerksamkeit aufrechterhält und wobei sie erfolgreich sein können.

- Wenn Sie Ihrem Kind Anweisungen geben und es nicht zuzuhören scheint oder nicht ausführt, um was Sie es gebeten haben, ist dieses Verhalten sehr wahrscheinlich auf eine Verwirrung zurückzuführen, die eine Desorientierung ausgelöst hat. In diesem Fall wird es nicht genau verstehen, was Sie sagen, weil es desorientiert ist. Suchen Sie nach diesem Symptom des Nichtzuhörens, bevor Sie zu der Überzeugung kommen, daß sich das Kind einfach schlecht benimmt oder ein schlechtes Gedächtnis hat.
- Arbeitet Ihr Kind ungemein hart, um sich auf Klassenarbeiten vorzubereiten, macht dann aber trotzdem fast alles falsch? Vielleicht hat es den Anschein, als sei es dumm oder verstünde nichts, aber wahrscheinlich ist eine Verwirrung mit Symbolen das Problem. Der Streß, eine Klassenarbeit zu schreiben, wird ebenfalls die Toleranzschwelle für Verwirrung senken. Dadurch wird die Wahrscheinlichkeit noch größer, daß das Kind während der Klassenarbeit selbst desorientiert ist und folglich nicht nach besten Kräften Leistungen bringen wird.

Was können Sie tun?

In dieser Altersgruppe ist die Intervention durch eine Behandlung der Lernschwierigkeiten am wichtigsten. Die konkreten Techniken für diese Intervention sind im Abschnitt »Therapiemöglichkeiten« (siehe Seite 139) beschrieben. Die Übung des Loslassens (siehe Seite 37) ist eine sehr praktische Möglichkeit, einem Kind zu helfen, das müde, verspannt und nervös dabei wird, wenn es Schulaufgaben rechtzeitig erledigen und Klassenarbeiten schreiben muß.

Problembewußtsein

Wahrscheinlich ist sich ein Kind vor dem siebten Lebensjahr nicht völlig darüber im klaren, daß es ein Problem hat, das ernst genug ist, um behandelt zu werden. Bis zu einem gewissen Punkt kann es vielleicht die Lage meistern und zurechtkommen. Erst wenn es auf seine erste wirkliche Lernbarriere stößt, wird es genügend motiviert sein, um seine Schwierigkeiten anzugehen. Die Frustration, die es empfindet, weil es so viele Fehler macht, muß einen bestimmten Grad erreichen, bevor es bereit ist, seine Probleme in den Griff zu bekommen.

Mit acht oder neun Jahren wird ein Kind bereit sein zu lernen, wie es seine Desorientierungen mit Hilfe des Trainings in den Davis-Methoden kontrollieren kann (siehe Abschnitt »Therapiemöglichkeiten«). Das wird ihm helfen, die Verzerrungen in der Wahrnehmung abzustellen, die immer auftreten, wenn Desorientierung durch Verwirrung ausgelöst wird. Außerdem kann es lernen, die verwirrenden Symbole zu beherrschen, die die eigentliche Ursache für seine Schwierigkeiten und Frustrationen sind (siehe Seiten 136–139).

Frühzeitig anfangen

Wenn das Orientierungstraining und die Arbeit mit der Symbolbeherrschung früh genug einsetzen, wird ein Kind möglicherweise das zusätzliche Problem vermeiden, eine Reihe zwanghafter Verhaltensweisen als Reaktion auf die Frustration über seine vielen Fehler zu entwickeln.

Die Korrektur der Legasthenie an diesem Punkt einzuleiten bietet außerdem den Vorteil, daß weniger Probleme im Zusammenhang mit seiner Selbstachtung und seinem Selbstvertrauen auftreten. Je länger ein Kind sich abmüht und in der Schule versagt, um so tiefer wird seine Selbstachtung sinken. Überdies werden rebellisches Verhalten oder Zurückgezogenheit, die es sich als Reaktion auf diese Emotionen und auf die Frustration über sein Versagen zu eigen macht, stärker ausgeprägt sein.

Legasthenikern in der Schule entgegenkommen

Die Meinungen von Lehrern darüber, wie man den Kindern, die jedes Jahr dabei versagen, mit ihren Klassenkameraden Schritt zu halten, entgegenkommen kann (man spricht von zehn Prozent), gehen weit auseinander. Angesichts der drastischen Etatkürzungen im Bildungssektor muß jede Schule, die beabsichtigt, einigen ihrer Schüler spezielle Förderungsmaßnahmen im Einzelunterricht zukommen zu lassen, diese zusätzliche Ausgabe rechtfertigen. Selbst wenn sowohl Eltern als auch Lehrer darin übereinstimmen, daß ein lernbehindertes Kind Nutzen aus zusätzlichen Förderungsmaßnahmen zieht, ist es vielleicht im Rahmen des Schuletats nicht möglich, diese Unterstützung bereitzustellen.

3. Vom 9. bis zum 12. Lebensjahr

Zeichen, auf die Sie achten sollten

Die folgenden Beschreibungen der Symptome eines Kindes, dessen Legasthenie durch Desorientierung verursacht wird, basieren auf einer Liste, die Alice Davis, Ronald Davis' Ehefrau und Leiterin des Reading Research Council, zusammengestellt hat. Diese Liste bietet eine nützliche Zusammenfassung der Anzeichen und Symptome.

Allgemeines

1. Das Kind wirkt aufgeweckt, hochintelligent und fähig, sich klar auszudrücken, liegt aber mit seinen Leistungen in Lesen, Schreiben und Rechtschreibung unter dem Durchschnitt.
2. Es wird als faul, dumm, gleichgültig, unreif, »sich nicht genug Mühe gebend« bezeichnet; es hat Vehaltensprobleme.
3. Es ist in seinen Leistungen nicht genügend zurückgeblieben, um zusätzliche Unterstützung in der Schule zu bekommen.
4. Es hat zwar einen hohen IQ, schneidet aber im Lernen schlecht ab; es bringt im Mündlichen gute Leistungen, aber nicht bei schriftlichen Arbeiten.
5. Es fühlt sich dumm, hat wenig Selbstvertrauen und ein schwaches Selbstwertgefühl; es versteckt Schwächen hinter raffinierten Kompensationsstrategien, ist leicht frustriert und reagiert emotional in bezug auf Schule, Lesen oder Prüfungen.
6. Es ist begabt in den Bereichen Kunst, Schauspiel, Musik, Sport, Mechanik, Geschichten erzählen, Verkauf, Wirtschaft, Entwerfen, Bauen oder Technik.
7. Es scheint oft »abzudriften« oder tagzuträumen, verirrt sich leicht oder verliert das Gefühl für die Zeit.

8. Es hat Schwierigkeiten, aufmerksam zu bleiben, ist ein Tagträumer.
9. Es lernt am besten durch praktische Erfahrung, anschauliche Beispiele, Experimente, Beobachtung und Anschauungsmaterial.

Sehkraft, Lesen und Rechtschreibung

1. Es klagt beim Lesen über Schwindel, Kopfweh oder Bauchschmerzen.
2. Es ist von Buchstaben, Zahlen, Wörtern, Reihenfolgen oder verbalen Erklärungen verwirrt.
3. Beim Lesen und/oder Schreiben treten folgende Fehler auf: Wiederholung, Verdoppelung, Umstellung, Auslassung, Ersetzung und Verdrehung von Buchstaben, Zahlen und/oder Wörtern.

Verzerrte Wahrnehmung

1. Es klagt beim Lesen, Schreiben oder Abschreiben darüber, nicht existierende Bewegungen zu spüren und zu sehen.
2. Es scheint Sehprobleme zu haben, aber Augenuntersuchungen lassen nichts erkennen.
3. Es hat äußerst scharfe Augen und ist sehr aufmerksam – oder es leidet umgekehrt an einem extremen Mangel an Tiefenwahrnehmung und peripherem Sehen.
4. Es liest einen Text fast ohne Verständnis.
5. Es buchstabiert phonetisch und unbeständig.

Hören und Sprechen

1. Es hat ein erweitertes Gehör: es hört Dinge, die nicht ausgesprochen werden oder anderen nicht klar sind; es wird leicht von Geräuschen abgelenkt.
2. Es fällt ihm schwer, Gedanken in Worten auszudrücken, spricht in stockenden Sätzen, läßt Sätze unvollständig oder stottert unter Streß; es spricht lange Wörter falsch aus oder vertauscht Redewendungen, Wörter und Silben beim Sprechen.

Schreiben und motorische Fähigkeiten

1. Es hat Schwierigkeiten beim Schreiben oder Abschreiben; es hält den Stift ungewöhnlich; seine Handschrift ändert sich oder ist unleserlich.

2. Es ist unbeholfen, unkoordiniert, schlecht im Ballspiel oder im Mannschaftssport; es hat Schwierigkeiten mit fein- und/oder grobmotorischen Fähigkeiten und Aufgaben; es neigt zu Kinetose bzw. Reisekrankheit.
3. Es kann beidhändig sein, verwechselt oft links und rechts, oben und unten.

Mathematik und Zeitmanagement

1. Es hat Schwierigkeiten, die Uhr zu lesen, serielle Informationen und Aufgaben zu lernen oder pünktlich zu sein, ein schwaches Zeitgefühl.
2. In Mathematik braucht es zum Abzählen die Finger und andere Tricks; es weiß Antworten, kann sie aber nicht aufschreiben.
3. Es kann zählen, hat aber Schwierigkeiten, Gegenstände zu zählen und mit Geld umzugehen.
4. Es kann zwar Rechenaufgaben lösen, scheitert aber an Textaufgaben; es kann Algebra oder höhere Mathematik nicht begreifen.

Gedächtnis und Erkennen

1. Es hat ein hervorragendes Langzeitgedächtnis für Erfahrungen, Orte oder Gesichter, kann sich aber Abfolgen und nicht erfahrene Fakten und Informationen schlecht merken.
2. Es denkt überwiegend in Bildern und Gefühlen, nicht mit den Lauten von Wörtern (wenig innerer Dialog).

Verhalten, Gesundheit, Entwicklung und Persönlichkeit

1. Es ist entweder extrem unordentlich oder zwanghaft ordentlich.
2. Es ist vielleicht der Klassenkasper oder Unruhestifter, oder es ist zu still.
3. Es machte Entwicklungsstufen ungewöhnlich früh oder spät durch – Sprechen, Krabbeln, Laufen, Binden von Schnürsenkeln.
4. Es neigt zu Ohrentzündungen, reagiert empfindlich auf Lebensmittel, Zusätze und chemische Produkte.
5. Es reagiert auf Medikamente anders als normale Kinder – ein Beruhigungsmittel wirkt als Stimulans; die Dosis, die für ein bestimmtes Medikament erforderlich ist, damit es seine Wirkung entfaltet, unterscheidet sich von der, die normalen Kindern verabreicht wird.
6. Es kann einen extrem tiefen oder leichten Schlaf haben.

7. Es ist Bettnässer.
8. Es hat eine ungewöhnlich hohe oder niedrige Toleranzschwelle für Schmerz.
9. Es hat einen ausgeprägten Gerechtigkeitssinn, ist emotional empfindlich und leidet an Perfektionismus.
10. Bei Verwirrung, Zeitdruck, emotionalem Streß und schlechter gesundheitlicher Verfassung macht es mehr Fehler, und die Symptome verstärken sich dramatisch.

Weitere Zeichen

1. Ein Kind, das in den ersten fünf Jahren keine offenkundigen Probleme in der Schule hatte, stößt vielleicht plötzlich auf eine Barriere, die es nicht überwinden kann. Diese wird einen jähen Stillstand in seinen schulischen Fortschritten darstellen.
2. Formen von Rebellion – das Kind will nicht in die Schule gehen, weigert sich, die Hausaufgaben zu erledigen – sind Zeichen für eine Reaktion auf die Frustration darüber, daß es in der Schule auf eine anscheinend unüberwindliche Barriere gestoßen ist.
3. Ein Kind lügt vielleicht, was seine Schulleistungen betrifft, um Konfrontationen mit Fehlschlägen auszuweichen.
4. Zeichen einer Identitätskrise bei einem Kind deuten darauf hin, daß die weiter oben erwähnte Barriere erreicht wurde. Vielleicht fängt es an, sich für dumm zu halten, während es sich bis jetzt eingeredet hat, daß alles in Ordnung sei.
5. Ein Kind gibt vielleicht auf und gibt sich in der Schule keine Mühe mehr, ein weiteres Zeichen dafür, daß inzwischen die Frustration darüber, daß es nichts versteht, zu groß geworden ist, um sie zu bewältigen.
6. Bestimmte Signale können sich in den Schularbeiten eines Kindes zeigen: vielleicht wendet es immer noch nicht die Schreibschrift an; Addieren, Subtrahieren und Multiplizieren sind vielleicht zu bewältigen, während die Division unmöglich scheint.
7. Lehrer werden vielleicht ebenfalls allmählich frustriert über den Mangel an Fortschritt in den schulischen Leistungen des Kindes, während sie vorher begeistert andere Wege gesucht haben, um ihm zu helfen.

8. Eltern beginnen vielleicht an der Intelligenz ihres Kindes zu zweifeln. Es fällt ihnen schwer, sich das weiterhin zum Bewußtsein zu bringen.

Was können Sie tun?

Auch hier besteht die wichtigste Hilfe, die Sie einem Kind in diesem Alter angedeihen lassen können, darin, ihm die Fähigkeit zu vermitteln, seine Wahrnehmungen durch die Davis-Legasthenie-Behandlung zu kontrollieren. Nach dem anfänglichen Davis-Behandlungsprogramm werden Sie ihm außerdem helfen können, an der Beseitigung der verwirrenden Symbole in seiner Umgebung, die die Desorientierungen auslösen, zu arbeiten.

Wenn Ihnen diese Davis-Behandlung durch einen ausgebildeten Davis-Legasthenie-Berater nicht unverzüglich zugänglich ist, können Sie Ihrem Kind die folgende praktische Hilfe anbieten:

- Helfen Sie ihm zu verstehen, was seine Frustration verursacht und warum einige Symbole verwirrend sind.
- Machen Sie sich mit der Tolerenzschwelle für Verwirrung vertraut und finden Sie mit ihm heraus, in welchen Situationen und unter welchen Umständen seine Toleranzschwelle gesenkt wird (siehe Seite 110).
- Informieren Sie die Schule über die Ursache der Schwierigkeiten Ihres Kindes und gewinnen Sie die Unterstützung und Hilfe der Lehrer, soweit das möglich ist.
- Finden Sie Wege, um emotionalen Streß und Zeitdruck sowohl in der Schule als auch zu Hause zu reduzieren, denn diese beiden Faktoren tragen in erster Linie dazu bei, die Toleranzschwelle für Verwirrung herabzusetzen.
- Finden Sie Bereiche, in denen es sich hervortun und seine Selbstachtung und sein Selbstvertrauen aufbauen kann.
- Sprechen Sie seine Rebellion niemals direkt an. Es ist wichtiger, die Ursache der Rebellion zu beseitigen. Meistens reagiert es auf die Frustration darüber, daß es nicht mit den Schulanforderungen Schritt halten kann, und auf das Gefühl, nicht gut genug zu sein.

4. Über das 12. Lebensjahr hinaus

Die nächste Barriere, auf die legasthenische Schulkinder am häufigsten stoßen, tritt in Erscheinung, wenn sie das Alter von 14 oder 15 Jahren erreicht haben. Zu diesem Zeitpunkt wird von ihnen in der Schule verlangt, daß sie die bisher gelernten grundlegenden Begriffe und Informationen anwenden. Einem Kind ist es vielleicht gelungen zu überleben, indem es das, was es gehört hat, auswendig lernt und papageienhaft nachplappert, aber es wird nicht wirklich verstanden haben, was es sich eingeprägt hat. Mit 14 oder 15 Jahren soll es dann auf einmal mit Begriffen und Ideen denken und stellt fest, daß es sich nicht allein auf sein Gedächtnis verlassen kann. Wenn sein Trick, alles auswendig zu lernen, nicht länger funktioniert, kann es das Gefühl bekommen, auf eine massive Barriere gestoßen zu sein, gegen die es nichts unternehmen kann.

Weil es jetzt physisch und emotional älter und reifer geworden ist, werden die Reaktionen auf die Frustration über diese Barriere wahrscheinlich anders und extremer sein als die eines Kindes zwischen neun und zwölf Jahren. Ein gewalttätiger oder deprimierter Fünfzehnjähriger hat ein viel schwereres Problem als ein jüngeres Kind mit den gleichen Gefühlen.

In diesem Alter kommt noch erschwerend hinzu, daß die Pubertät einsetzt. Die mit den hormonellen und emotionalen Veränderungen einhergehenden Höhen und Tiefen wirken sich auf die Toleranzschwelle für Verwirrung aus. Das führt zu Episoden von Desorientierung und der daraus resultierenden Wirkung, daß es Fehler macht, verwirrt ist und sich frustriert fühlt, weil es nicht versteht, was erforderlich ist.

Das ist die kritischste Phase im Leben eines legasthenischen Kindes. In diesem Alter werden die Weichen für die zukünftige Beziehung zu sich selbst und zur Gesellschaft gestellt. Zu diesem Zeitpunkt muß ein Kind unbedingt eine Möglichkeit finden, ein Gefühl von Selbstachtung und Selbstwert in sich zu entwickeln. Wenn ihm das nicht gelingt, kann es später Schwierigkeiten haben und sogar in die Kriminalität oder in psychische Probleme geraten. Aus einer Untersuchung in einer nordamerikanischen Strafvollzugsanstalt ging hervor, daß 98 Prozent der Häftlinge Lernschwierigkeiten hatten. Straffällig zu werden ist eine fast unabwendbare Zukunft für jemanden, der sich frustriert und weniger wert als andere fühlt.

Zeichen, auf die Sie achten sollten

- schwere Probleme mit der Selbstachtung
- Gewalttätigkeit oder Beschimpfung als Ausdruck von Rebellion
- Konflikte mit dem Gesetz
- mit den falschen Freunden verkehren
- mit Alkohol und Drogen experimentieren
- verstärkte Niedergeschlagenheit, Stimmungsumschwünge
- Rebellion, die jetzt zu Hause und in der Schule zum Ausdruck gebracht wird
- Schulschwänzen; Weigerung, Hausaufgaben zu erledigen
- Faulheit, Interesselosigkeit
- gibt sich keine Mühe mehr
- extreme Zurückgezogenheit anstatt Rebellion; mögliche Selbstmordversuche

Was können Sie tun?

Wie bei den beiden früheren Altersgruppen besteht die wichtigste Hilfe für Ihr Kind in diesem Alter darin, ihm einen Weg zu zeigen, wie es seine natürlichen Begabungen verstehen und gebrauchen kann. Es ist viel wichtiger, sein Selbstwertgefühl und sein Selbstvertrauen wieder aufzubauen, als sich um den Lehrstoff im Klassenzimmer zu kümmern. Bevor das Lernen wiederaufgenommen werden kann, muß die nötige Grundhaltung des Kindes geschaffen werden.

Wenn es lernt, seine Orientierung zu kontrollieren und von der Symbolbeherrschung Gebrauch zu machen (siehe Seite 136), um mit den verwirrenden Symbolen und Begriffen in seiner Umgebung fertig zu werden, wird das helfen, die Frustration zu beseitigen. Das Kind wird erkennen, daß es nicht dumm und unfähig ist. Dadurch, daß die Frustration beseitigt wird, werden allmählich alle Reaktionen aus dem Weg geräumt, die von dieser Frustration herrühren.

In diesem Alter kann es für ein Kind schwieriger sein, Hilfe von den Eltern anzunehmen. Es kann so tief in seiner Rebellion und mangelnden Kooperation stecken, daß es alles, was die Eltern anbieten, prinzipiell ablehnt. In dieser Situation ist es vielleicht einer Person, der es vertraut und die es respektiert und die nicht zur Familie gehört, möglich, ihm die Botschaft zu übermitteln, daß es eine Lösung gibt. Letzten Endes können Eltern ihr Kind auf keinen Fall zwingen, die Hilfe zu akzeptieren, die in Form der Davis-Methoden zur Legastheniekorrektur geboten wird. Zuweilen fällt es Eltern sehr schwer, das zu akzeptieren. Die Legasthenie eines Kindes kann nur korrigiert werden, wenn es auch wirklich will, daß ihm geholfen wird.

Hilfe für die Eltern

Viele der Anregungen, die Sie im Kapitel über das konventionelle Modell (siehe »Hilfe für die Eltern«, Seite 43–53) finden, lassen sich ebenfalls auf diesen Ansatz zur Legasthenie anwenden. Der entscheidende Unterschied liegt darin, daß im Davis-Ansatz Legasthenie nicht als eine unheilbare Behinderung verstanden wird. In diesem Modell wird Legasthenie nicht als etwas betrachtet, mit dem man zurechtkommen, an das man sich anpassen und das man akzeptieren muß. Legasthenie ist der Edelstein, der eine Mischung aus Talenten und Schwierigkeiten sein kann.

Im Davis-Modell kommt den Eltern eine ganz andere Rolle bei der Hilfe für ihr Kind zu. Weiter unten führe ich einige Schlüsselpunkte auf, um Ihnen eine Starthilfe zu geben, sich selbst zu helfen. Diese Liste ist nicht umfassend, aber sie genügt, um Ihnen einen Eindruck davon zu vermitteln, wie das im Davis-Modell geltende Verständnis von Legasthenie verwendet werden kann, um Ihnen Anleitung zu geben. Die Reihenfolge dieser Liste ist ganz willkürlich festgelegt.

Lassen Sie Sorgen los

Eltern von legasthenischen Kindern äußern vielleicht die Ansicht, daß sie unmöglich Zeit für sich selbst finden können, weil ihr Leben um die Bedürfnisse ihres Kindes herum organisiert ist. Diese Lebensweise ist oft eine Folge ihrer Sorgen um ihr legasthenisches Kind und seine Zukunft.

Sorge und Angst sind die Gefühle, die abzustellen Eltern am schwierigsten finden; sie sind die Ursache für die inneren Barrieren, die sie versuchen abzubauen. Ein bekanntes Beispiel bringt diese Situation auf den Punkt. Sie haben Vorkehrungen getroffen, daß Ihr Kind einige Tage bei Ihren Eltern verbringt, damit Sie etwas Zeit für sich alleine haben, aber wobei ertappen Sie sich? Sie machen sich Sorgen um Ihr Kind und seine Zukunft und fühlen sich vielleicht schuldig, daß Sie nicht mehr unternehmen, um eine Lösung seines Problems zu finden!

Ich hoffe, daß dieses Buch Sie befähigen wird, diese Sorge loszulassen. Denn:

- Es gibt keinen Anlaß zur Sorge.
- Mit Ihrem Kind ist im Grunde alles in Ordnung.
- Die Legasthenie Ihres Kindes kann korrigiert werden.

Verwirrung beseitigen

Beseitigen Sie jegliche Verwirrung – geistiger, emotionaler und physischer Art – aus der Umgebung Ihres Kindes. Versuchen Sie, eine ordentliche Umgebung auf allen Ebenen zu bewahren. Und helfen Sie Ihrem Kind, das gleiche zu tun (siehe »Toleranzschwelle für Verwirrung«, Seite 110).
Es ist sehr wichtig, daß Sie keine verwirrenden und widersprüchlichen Botschaften übermitteln. Was Sie sagen und was Sie tun und fühlen, sollte soweit wie möglich klar und widerspruchsfrei sein. Üben Sie sich darin, in allen Gesprächen und Entscheidungen bestimmt und klar zu sein.

Erzeugen Sie ein Gefühl von Sicherheit

Zu den Grundbedürfnissen eines legasthenischen Kindes zählt das Gefühl von Sicherheit. Wenn es einer Sache sicher ist, kann es sich entspannen. Unsicherheit wird es alles, was es vielleicht an Selbstvertrauen aufbauen konnte, verlieren lassen.

Erinnern Sie sich an das bildhafte Denken

Eine einfache Tatsache, an die Sie sich erinnern sollten, ist, daß Ihr legasthenisches Kind als bildhafter Denker sehr klare Bilder in seiner Vorstellung von dem hat, was Sie ihm sagen, und von Situationen, von denen es erwartet, daß sie eintreten. Wenn sich die Umstände aus welchem Grund auch immer ändern und etwas nicht seinen Erwartungen entsprechend eintritt, befinden sich seine Bilder von der Situation, wie sie sein sollte, in Konflikt mit der Wirklichkeit. Seine Bilder sind genauso real wie das, was jeder andere sieht. Zuweilen kann es ihm sehr schwerfallen, diese Bilder loszulassen und etwas anderes zu akzeptieren.

Ein einfaches Beispiel soll dies veranschaulichen: Sie sind im Begriff, mit Ihrem Kind eine Spritztour mit dem Auto zu machen. Ohne nachzudenken, haben Sie ihm vorher versprochen, daß es vorne neben Ihnen sitzen darf. Im letzten Moment beschließt eine andere Person, mitzufahren, und die Sache endet damit, daß das Kind auf dem Rücksitz Platz nehmen muß. Was ein schönes und aufregendes Abenteuer sein sollte, entpuppt sich als Alptraum. Es ist aufgebracht und wütend, und Sie können den Grund nicht verstehen. Folgendes ist geschehen: Das Bild Ihres Kindes von dem Ausflug, bei dem es vorne im Auto sitzt, hat sich nicht verwirklicht. Es ist ihm nicht möglich, das Bild loszulassen und die Realität des Augenblicks anzunehmen. Es ist sehr enttäuscht, bei weitem enttäuschter, als Sie angenommen haben.

Damit soll lediglich gesagt werden, daß es wichtig ist, darauf zu achten, was Sie Ihrem Kind versprechen. Sobald das, was Sie versprochen haben, zu einem Bild geworden ist, wird es ihm schwer fallen, mit einer Veränderung fertigzuwerden.

Wenn ein legasthenisches Kind keine Selbstsicherheit hat, erwartet es dieses von seinen Eltern. Wenn es sie dort nicht findet, wird seine Toleranzschwelle für Verwirrung niedrig sein, und es wird leichter verwirrt und desorientiert sein.

Seien Sie ein sicherer Hafen

In der normalen nicht-legasthenischen Welt wird die Identität eines legasthenischen Kindes ständig angegriffen. Wegen seiner Schwierigkeiten beim Lernen und bei den Schularbeiten wird es mehr Kritik und negative Aufmerksamkeit erhalten als andere Kinder. Es wird sich die allergrößte Mühe geben, eine Identität zu schaffen, die in der Schule akzeptabel ist, und trotzdem scheint alles fehlzuschlagen. In dieser ausweglosen Situation braucht es die bedingungslose Liebe und Akzeptanz seiner Eltern viel mehr als andere Kinder.

Lassen Sie die Schule nicht in Ihr Zuhause eindringen

Wenn ein Kind zu Hause ein höheres Maß an Erwartungen und Nichtakzeptanz vorfindet als in der Schule, wird seine Welt und seine Identität von allen Seiten bedroht. Es wird fühlen, daß es keinen sicheren Platz mehr gibt, an dem es einfach das sein kann, was es ist.

Bei Eltern herrscht oft die Überzeugung, daß sie ihrem Kind gegenüber den gleichen Standpunkt wie die Schule vertreten sollten, damit die Erwartungen und Anforderungen im häuslichen und im schulischen Bereich miteinander im Einklang stehen. Kinder, die den schulischen Erwartungen entsprechen, werden damit keine Schwierigkeiten haben. Bei einem legasthenischen Kind ist das anders. Eltern, die die Forderungen und Erwartungen der Schule aufrechterhalten, verschlimmern das Leiden ihres Kindes nur, anstatt seine Fähigkeit, Selbstverantwortung und Selbstdisziplin zu entwickeln, zu stärken, was ihre eigentliche Absicht ist. Damit soll nicht gesagt werden, daß an ein legasthenisches Kind überhaupt keine Forderungen oder Erwartungen gestellt werden dürfen. Aber sie sollten im Kontext von bedingungsloser Akzeptanz und Liebe gestellt werden.

Es ist für Eltern oft recht schwierig, diese Unterscheidung vorzunehmen und aufrechtzuerhalten, und das Zuhause wird zu einer Verlängerung der Schule. Der direkte und indirekte Druck auf die Eltern durch die Schule und andere soziale Einflüsse kann manchmal stärker sein, als sie aushalten können. Doch zugleich muß ein legasthenisches Kind wissen, daß es geliebt und akzeptiert wird.

Diagnose

Ein Zweck, Legasthenietests durchzuführen, besteht darin, herauszufinden, in welchem Maße eine Aktivität von einer gewählten Norm abweicht – wie viele Fehler ein Kind macht oder wie weit es von einem gewählten Ideal entfernt ist.

Wenn Sie wissen, daß Ihr Kind Legastheniker ist, sind die Einzelheiten seiner legasthenischen Symptome nicht so wichtig. Wichtiger ist, die *Ursache* dieser Symptome zu beseitigen. Wenn die Ursache beseitigt ist, werden auch die Symptome nicht länger auftreten.

Im Davis-Modell verlagert sich folglich der Schwerpunkt oder die Richtung der Diagnose von den Symptomen auf die Ursachen. Dadurch wird die Legastheniediagnose sehr einfach. Es geht darum, herauszufinden, ob ein Kind in Bildern denkt und das natürliche Talent besitzt, sein geistiges Auge zu bewegen und dabei desorientiert zu werden.

Was der Davis-Test Ihnen sagt

Aus dem Test wird nicht hervorgehen, ob Ihr Kind Legastheniker ist. Er wird Ihnen lediglich eines zeigen: *Wenn* Symptome durch diese beiden Eigenschaften (das bildhafte Denken und die Beweglichkeit des geistigen Auges) verursacht werden, dann kann dem Kind geholfen werden, seine Desorientierung zu kontrollieren und sie an- und abzuschalten. Dadurch kann dem Kind gezeigt werden, wie seine Legastheniesymptome zu korrigieren sind. Der Test dauert eine halbe Stunde, und wenn die Ergebnisse zeigen, daß es imstande ist, in Bildern zu denken und sein geistiges Auge zu bewegen, läßt alles darauf schließen, daß es Nutzen aus dem Davis-Training ziehen kann – sofern es die erforderliche Motivation hat. Eine ausführliche Beschreibung des Testverfahrens findet sich in Ronald Davis' Buch *Legasthenie als Talentsignal*. Die einzelnen Schritte sind so erläutert, daß Eltern ihre Kinder selbst testen können. Falls Sie sich unsicher fühlen, kann der Test von einem anderen Erwachsenen, dem Sie vertrauen, oder von einem Davis-Berater durchgeführt werden.

Wann ist eine kinderärztliche Untersuchung angezeigt?

Falls die legasthenischen Symptome nicht durch diese beiden Eigenschaften verursacht werden, können andere Faktoren, beispielsweise Schwächen in den physischen Sinnesorganen, verantwortlich sein. In solchen Fällen kommt die allgemein übliche kinderärztliche Untersuchung zur Anwendung, wie sie im Kapitel über das konventionelle Modell (siehe Seite 30) beschrieben wird.

Es gibt einen seltenen legasthenischen Zustand, der nicht in dieses allgemeine Modell paßt. Er tritt auf, wenn ein Kind sich eine »alte Lösung« zu eigen macht, die es daran hindert, zu visualisieren und/oder sein geistiges Auge zu bewegen. In diesem besonderen Fall sollte man sich um Hilfe an einen Davis-Legasthenie-Berater wenden.

Der passende Zeitpunkt

Der Zeitpunkt, zu dem die Diagnose erfolgt, hängt in hohem Maße von der Entwicklung des Kindes ab. Nach dem konventionellen Modell wird die Untersuchung normalerweise ungefähr vor dem siebten oder achten Lebensjahr durchgeführt. Ein jüngeres Kind zeigt vielleicht Zeichen von Desorientierung, hat aber noch keine Lernschwierigkeiten. Die Frustration darüber, daß es Fehler macht und nicht mit der Klasse Schritt halten kann, wird das Kind schließlich motivieren, etwas gegen seine Legasthenie zu unternehmen. Das ist die beste Zeit, die Idee, einen Test durchführen zu lassen, zur Sprache zu bringen und dem Kind zu erklären, was mit seiner Orientierung und seiner Wahrnehmungsweise vor sich geht. Vorher ist es vielleicht nicht allzu sehr daran interessiert, seine Desorientierung zu kontrollieren, weil sie noch kein genügend großes Problem darstellt, um den Wunsch in ihm zu wecken, etwas anderes zu tun.

Andererseits ist die Davis-Legasthenie-Diagnose einfach und schnell, macht Spaß und erfordert auf keinen Fall, daß ein Kind nach irgendwelchen Maßstäben Leistungen bringen muß oder beurteilt wird. Weil der Test nicht stillschweigend beinhaltet, daß mit Ihrem Kind etwas nicht stimmt, ist der passende Zeitpunkt nicht so kritisch.

Therapiemöglichkeiten

Das Davis-Training zielt darauf hin, die *Ursache* der Symptome zu beseitigen.

Es umfaßt die folgenden Schritte:

1. Ein Symptomprofil erstellen

Wenn sich bei der Diagnose herausstellt, daß das Kind die beiden typischen Eigenschaften der Legasthenie besitzt – die Fähigkeit, in Bildern zu denken, und das natürliche Talent, das geistige Auge zu bewegen – besteht der nächste Schritt darin, noch bevor ein konkretes Training stattfindet, ein persönliches Symptomprofil zu erstellen. Anhand dieses Symptomprofils kann sich der Davis-Berater ein Bild von den individuellen Bedürfnissen des legasthenischen Kindes machen.

Der Grund dafür liegt darin, daß Kinder auf unterschiedliche Weise desorientiert sind und mit den daraus resultierenden Schwierigkeiten fertig werden. Bei jedem Kind kommen andere Faktoren zum Tragen, die sich auf die Toleranzschwelle für Verwirrung auswirken. Es gibt keine zwei Legastheniker, die genau die gleichen Symptome aufweisen. Ein Trainingsprogramm zur Legasthenie-Korrektur muß demnach speziell auf das einzelne Kind zugeschnitten sein. Weil das grundlegende Davis-Programm darauf abgestimmt ist, individuellen Bedürfnissen zu entsprechen, existiert kein maßgebendes Davis-Programm für alle Legastheniker, obwohl die Grundbestandteile in jeder Behandlung gleich sind. Es hängt völlig von den Bedürfnissen des zu behandelnden Kindes ab, wie diese Bestandteile miteinander kombiniert und welche hervorgehoben werden.

Damit Sie ein Gefühl dafür bekommen, wie und warum ein Symptomprofil erarbeitet wird, sollten wir für einen Augenblick noch einmal auf die geführte Tour durch den Davis-Legasthenie-Themenpark zurückkommen. Wir werden unsere Gruppe von legasthenischen Kindern bitten, uns zu erklären, wie sie ihre eigenen Symptomprofile zusammengestellt haben.

Ausstellung IX: Der Weg zu meiner Legasthenie

Die Kinder laden Sie ein, mit ihnen »Den Weg zu meiner Legasthenie« entlangzugehen. Am Anfang des von hohen Bäumen umsäumten Weges steht ein Mann an einem Stand mit großen Bündeln von roten und weißen Luftballons. Jedes Kind erhält ein Bündel, und schon laufen sie den Weg hinunter los. Dann bleiben sie stehen und befestigen an jedem Baumstamm in verschiedenen Höhen einen Luftballon.

»Was um Himmels willen macht ihr da?« fragen Sie Simon.

»Die roten Luftballons symbolisieren die Dinge, in denen wir gut sind, und sie werden auf einer Seite des Weges angebracht. Die weißen Luftballons kommen auf die andere Seite für die Dinge, in denen wir nicht so gut sind. Die Bäume symbolisieren das, was wir tun – so gibt es einen Lesebaum, einen Rechtschreibbaum, einen Fußballbaum, sogar einen Baum dafür, wie wir mit unseren Eltern auskommen! Die hoch hängenden Luftballons bedeuten, daß man etwas wirklich gut beherrscht. Peter hat seinen roten Luftballon ganz oben an dem Musikbaum befestigt, weil er sehr gut Trompete spielt. Wenn man schließlich das Ende des Weges erreicht hat, kann man zurückschauen und erkennen, in welchen Fertigkeiten man gut und in welchen man nicht so gut ist.«

Jetzt verstehen Sie, daß jedes Kind auf einen Blick erkennen kann, wie seine Legasthenie ein Gleichgewicht aus Begabungen und Schwierigkeiten darstellt.

Am Ende des Weges steht ein Wunschbrunnen und daneben ein Korb mit glänzenden Münzen, die man in den Brunnen werfen kann.

»Was passiert hier?« fragen Sie.

»Wir wünschen uns, worin wir besser sein möchten, nachdem wir ein Trainingsprogramm für Legasthenie absolviert haben«, erklärt Simon. »Ich werde drei Münzen hineinwerfen, weil ich mir wünsche, besser lesen zu können, mit meiner Mutter Tennis spielen zu können und mehr Freunde in der Schule zu haben.«

Sie bedanken sich bei den Kindern dafür, Ihnen ihre Wege zur Legasthenie gezeigt zu haben.

»Der Weg zu meiner Legasthenie« wirft ein Schlaglicht auf verschiedene Kernpunkte im Hinblick auf die Erstellung des Symptomprofils eines Kindes:

- Er zeigt die Stärken und zugleich die Schwächen eines Kindes auf.
- Er hilft dem Kind, sich in den verschiedensten Bereichen selbst einzuschätzen.
- Er wird auf eine Weise durchgeführt, die das Kind nicht bedroht, sondern unterstützt, und die im Training weiterhin zum Tragen kommt.
- Er kann dazu dienen, das Selbstwertgefühl des Kindes zu ermitteln und etwaige Abweichungen zu erkennen zwischen dem, was die Eltern sehen, und dem, was das Kind sieht.
- Er liefert ein nützliches Werkzeug dazu, eine auf die speziellen Bedürfnisse des Kindes zugeschnittene Behandlung zu erarbeiten.
- Der Wunschbrunnen soll zeigen, daß es wichtig ist, auf die wahrgenommenen Bedürfnisse eines Kindes einzugehen. Wenn ein Kind an einem Programm teilnimmt, damit sich seine Lesefertigkeit verbessert, aber es eigentlich mehr um seine Mathematikleistungen besorgt ist, wird das Programm nicht so effektiv sein.
- Die Motivation des Kindes, sein Interesse und Enthusiasmus für die Teilnahme an einem Korrekturprogramm sind Voraussetzungen für den Beginn einer Behandlung nach dem Davis-Modell.

Die am häufigsten behandelten Symptome

Im folgenden führe ich die am häufigsten behandelten legasthenischen Symptome auf, die durch das Davis-Programm reduziert oder beseitigt werden können.

Verwirrung über die Identität von Symbolen (Wörter und Buchstaben)

Lesen

- langsames Lesen – irgendwo von einem Drittel bis zu einem Zehntel der Geschwindigkeit eines normalen Lesers
- geringe Ausdauer beim Lesen – das Kind liest nicht gern, ermüdet schnell
- Ein Text muß viele Male gelesen werden, damit er verstanden wird.

Rechtschreibung

- Buchstaben werden vertauscht.

- Reihenfolge der Buchstaben wird verwechselt.
- Es erinnert sich an ein Wort an einem Tag, aber nicht am nächsten.

Handschrift
- schlecht geformte Buchstaben
- Es kann nicht auf der Linie geschrieben werden.
- Der Füller wird zu hart auf das Papier gebracht oder der Stift zu fest gehalten.

Sprachschwierigkeiten
- Laute können nicht wiederholt werden.
- Bestimmte Laute werden nicht gehört.
- Probleme mit der Aussprache.

Satzzeichen
- Satzzeichen werden beim Lesen nicht wahrgenommen.
- Der Sinn von Satzzeichen ist unklar.

Großschreibung
- Der Sinn und die Anwendung von Großschreibung ist unklar.

Gebrauch eines Wörterbuches
- Wörter können infolge der Schwierigkeiten mit der Reihenfolge der Buchstaben im Alphabet nicht nachgeschlagen werden.

Verwirrung über Zahlen
- Die Bedeutung von Ziffern und ihre Beziehung zu Zahlen wird nicht erkannt.

Verwirrung über die physische Umgebung

Dyspraxie
- Schlechte Koordination, Ungeschicklichkeit
- Treppen können nicht mühelos hinauf- und hinuntergegangen werden; auf einem Bein zu stehen bereitet Schwierigkeiten.
- Schwierigkeit, Bälle zu fangen.
- Anfälligkeit für Unfälle, stößt ständig irgendwo an oder stößt etwas um.
- Unfähigkeit, die Mittellinie des Körpers zu kreuzen; Schwierigkeit, Schnürsenkel zu binden.

- Verwechslung von links und rechts
- Verdrehung von Buchstaben und Zahlen – stellt Buchstaben und Zahlen auf den Kopf oder von hinten nach vorn.
- Bettnässen – das Kind ist verwirrt, denkt, daß es sich im Badezimmer oder auf der Toilette befindet, wenn es das Bett naß macht, während es in Wirklichkeit im Bett liegt und schläft.

Verwirrung über die Zeit

- kein Zeitgefühl
- Unfähigkeit, die Uhr zu lesen

Verwirrung in bezug auf Abfolgen

- Unfähigkeit, Dinge in die richtige Reihenfolge zu bringen; Reihenfolgen sind nicht vorstellbar.
- Rechtschreibprobleme
- Rechenprobleme
- Auslassen von Buchstaben und Zahlen
- Schwierigkeit mit den Wochentagen, den Monaten und der Reihenfolge täglicher Aktivitäten
- Schwierigkeiten mit dem Zählen, Addieren
- Schwierigkeit, seriellen Anleitungen zu folgen
- Umkehrung von Buchstaben und Zahlen – bringt die Buchstaben oder Ziffern innerhalb eines Wortes oder einer Zahl in die falsche Reihenfolge.

Verwirrung über Ordnung und Unordnung

- Schwierigkeiten mit Mathematik
- Schwierigkeiten mit dem Organisieren von Umgebungen, Gedanken und Handlungen
- Probleme aufzupassen

Aufmerksamkeits-Defizit-Syndrom mit und ohne Hyperaktivität

Ein Komplex von Symptomen, die durch eine Kombination von Verwirrungen in bezug auf Umgebung, Identität und Zeit verursacht werden, ist allgemein als Aufmerksamkeits-Defizit-Syndrom mit oder ohne Hyperaktivität bekannt (siehe Seite 76).

Phobien
Auch bei dem als Phobien bezeichneten Symptomenkomplex ist Desorientierung die eigentliche Ursache.

Basierend auf dem Verständnis der jeweiligen Ursachen der Lernbehinderung eines Kindes kann die Behandlung sehr einfach und klar sein. Die zwei Hauptziele einer jeden Behandlung nach dem Davis-Modell, das auch Davis-Orientierungsprogramm genannt wird, werden in den Schritten 2 und 3 dargestellt.

2. Das Davis-Orientierungsprogramm

Im Davis-Orientierungsprogramm lernt ein Kind, wie es die aus seiner Verwirrung resultierenden Desorientierungen kontrollieren kann. Zu allererst muß es wahrnehmen können, wann es desorientiert ist. Dann muß es lernen, die Desorientierungen abzuschalten. Die Symptome der Legasthenie sind nur die Symptome der Desorientierung. Dadurch, daß es die Desorientierungen abschaltet, schaltet es praktisch die Symptome der Legasthenie ab.

Ein Kind vermag seine Desorientierungen abzuschalten, wenn es lernt, sein geistiges Auge an einen Punkt hinter seinem Kopf und oberhalb von ihm zu bringen. Die einfache Tatsache, daß es sein geistiges Auge in eine bestimmte Position in bezug auf seinen Körper bringt, hat die Wirkung, daß die Gehirnfunktion, die die Desorientierung und die damit einhergehenden veränderten Wahrnehmungen verursacht, abgeschaltet wird.

Sobald ein Kind erfährt, wie es sich anfühlt, orientiert zu sein, kann es viel leichter den Unterschied zwischen diesem Gefühl und dem Gefühl der Desorientierung bemerken. Man fühlt sich sehr viel wohler, wenn man orientiert ist und nicht desorientiert und verwirrt. Sobald sie optimal orientiert sind, sprechen Legastheniker oft davon, sich in einer »Ebene des Wohlbefindens« zu befinden. Sie erleben rundum ein tiefes Wohlgefühl, fühlen sich mit der Erde verbunden und sind ruhiger und entspannter.

Die Empfindungen und Wahrnehmungen jeder Legasthenikerin und jedes Legasthenikers werden anders sein, wenn es darum geht, den Unterschied zwischen Orientiertsein und Desorientierung zu bestimmen. Einige der häufigsten Erfahrungen im Zusammenhang mit dem desorientierten Zustand sind:

- Schwindelgefühl oder das Gefühl, zu fallen
- Gefühle von Verwirrung, verschwommene Sicht, verzerrte Geräusche
- Gefühle der Unsicherheit und Ungeschicklichkeit
- Fehler machen und Entfernungen falsch einschätzen
- Wörter bewegen sich auf dem Papier
- sich aus der »Ebene des Wohlbefindens« herausbewegen

Die erste Sitzung des Davis-Orientierungsprogramms dauert gewöhnlich kaum eine Stunde. Sie ist erfolgreich, wenn das Kind am Ende der Sitzung in der Lage ist, sich zu orientieren, indem es bewußt sein geistiges Auge an einen bestimmten »Orientierungspunkt« bringt. Es wird sich mühelos und schnell neu orientieren können und weiß, wann es das getan hat. Infolge des Orientiertseins kann es sogar schon nach dieser ersten Sitzung deutlich besser lesen.

Auch wenn die plötzliche Fähigkeit, die Symptome der Legasthenie abzuschalten, wie eine dramatische Heilung erscheinen mag, ist das tatsächlich nicht der Fall. Die Ursache der *Symptome* – die Desorientierung – wurde beseitigt, aber das ist nur der erste Schritt in der Korrektur der Legasthenie. Der nächste Schritt – die Beseitigung der Ursache der *Desorientierung* – ist genauso wichtig.

3. Symbolbeherrschung

Die eigentliche Arbeit an der Legasthenie-Korrektur beginnt mit der Beseitigung der Ursache der Desorientierung.

Die Symbole, die bei einem legasthenischen Kind Desorientierung verursachen, sind die Symbole, die es verwirrend findet. Dabei kann es sich um einen Buchstaben handeln, um ein Wort, einen Laut, eine Idee oder auch die Zeit. All diese »Verwirrung verursachenden Symbole« werden im Davis-Modell als »Auslöser« bezeichnet. Ein Auslöser ist alles, was genügend verwirrend ist, um das geistige Auge einer legasthenischen Person von ihrem »Orientierungspunkt« fortzubewegen. Aber ein Kind wird außerstande sein, diesen nächsten Schritt im Behandlungsprogramm in Angriff zu nehmen, solange seine Wahrnehmung nicht korrekt ist – was nur im orientierten Zustand möglich ist. Eine ausführlichere Schilderung dieses Vorgangs findet sich in Ronald Davis' Buch *Legasthenie als Talentsignal.*

Die Auslöser beseitigen

Wie kann ein Auslöser unwirksam gemacht werden, damit er nicht länger Desorientierung und Verwirrung verursacht? Im Prinzip ist der Vorgang einfach, wenn auch etwas komplexer in der Ausführung. Wenn man das verwirrende Element aus einem Symbol entfernt, hört es auf, ein Auslöser zu sein, und wird einfach wie jedes andere Symbol zu einem Zeichen, das für etwas steht.

Die Technik, die verwendet wird, um die Verwirrung aus einem Symbol zu entfernen, wird »Symbolbeherrschung« genannt. »Beherrschung« ist der Prozeß, etwas so gut zu lernen, daß man es ohne nachzudenken und automatisch tun kann, beispielsweise mit dem Fahrrad fahren. Aber um etwas beherrschen zu können, muß man sich zuerst die notwendige Kenntnis und Erfahrung von dieser Sache aneignen. Wenn man etwas beherrscht, wird man sich sicher. Um also ein Auslösesymbol zu beherrschen, muß man die Verwirrung aus diesem Symbol herausnehmen und es davon abhalten, eine Desorientierung zu verursachen. Dieses Vorgehen eignet sich für Auslöser wie etwa Buchstaben, Satzzeichen, Ziffern, Laute und Wörter. In der Tat können alle Symbole, die für Legastheniker verwirrend sind und somit Desorientierung auslösen, mit Hilfe dieser Technik beherrscht werden.

Wie wird ein Symbol beherrscht?

Indem wir die Bedeutung eines Symbols in einem Knetemodell darstellen, erzeugen wir eine auf der Erfahrung basierende Kenntnis dieser Bedeutung. Mehr brauchen wir nicht zu tun, um die Bedeutung eines Verwirrung verursachenden Wortes oder Symbols zu beherrschen.

Ein einfaches Beispiel soll das verdeutlichen. Ein häufiges Auslösewort ist überraschenderweise das Wort »in«. Wenn Sie die Bedeutung dieses Wortes in einem Wörterbuch nachschlagen, werden Sie einige unterschiedliche Bedeutungen finden. Für die Beherrschung eines Wortes mit Hilfe eines Knetemodells werden mehrere Schritte durchlaufen:

1. Wählen Sie eine von diesen im Wörterbuch angegebenen Bedeutungen, beispielsweise »in etwas hinein«.
2. Vergewissern Sie sich, daß Ihr Kind sich über diese Bedeutung im klaren ist und ein klares Bild von ihr hat.
3. Formen Sie aus Knete ein Modell von der Bedeutung, vielleicht eine Hand, die einen Blumenstrauß in eine Vase stellt. Es muß nicht kompliziert sein.
4. Plazieren Sie neben dieses Modell das aus Knete geformte Wort.
5. Der nächste Schritt besteht darin, den Laut des Wortes »in« mit dem Modell zu verbinden. Dadurch, daß das Kind das Wort »in« laut ausspricht, während es sich gleichzeitig ein geistiges Bild von dem Knetemodell macht, das die Bedeutung und die Buchstaben des Wortes darstellt, wird es das Symbol des Wortes »in« beherrschen.
6. Die Verwirrung in bezug auf das Bild, das mit dem Wort »in« einhergeht, wird beseitigt.
7. Das Wort »in« wird beherrscht und ist kein Auslösewort mehr.

Sobald das Kind ein Symbol beherrscht, kann es auch mit diesem Symbol in Bildern denken. Ein legasthenisches Kind, das in Bildern denkt, ergänzt auf diese Weise die Lücken, die die Verwirrung verursacht haben (siehe Ausstellung VIII »Der Film mit den Lücken«). Sobald die leeren Stellen mit Hilfe der Symbolbeherrschung ergänzt werden, tritt die Verwirrung nicht länger auf, und dann wird auch die Desorientierung nicht mehr ausgelöst. Ohne Desorientierung bleibt die Wahrnehmung eines Kindes korrekt und beständig, und es kann die geschriebenen Wörter deutlich sehen und lernen, sie zu lesen.

Das Ganze hört sich sehr einfach an, fast zu einfach, um wahr zu sein. Wie kann etwas, das so dramatische Auswirkungen auf die Lesefertigkeit eines Kindes hat, in ein paar Stunden gelernt werden?

In der Davis-Behandlung wird nicht versucht, Kindern etwas beizubringen, das seltsam und fremd ist. Es geht darum, ihnen zu helfen, ein Talent unter Kontrolle zu bringen, das sie bereits besitzen. Alle legasthenischen Kinder haben die Fähigkeit, Desorientierung an- und abzuschalten. Bis zu diesem Zeitpunkt wurde lediglich versäumt, ihnen zu zeigen, wie sie diese natürliche Begabung *kontrollieren* können.

Ein Kind diese Fertigkeit zu lehren kann damit verglichen werden, einem von Natur aus musikalischen Kind beizubringen, ein Musikinstrument zu spielen. Wenn ein Kind weiß, wie es seine Desorientierungen kontrollieren kann, und dazu schnell und mühelos imstande ist und sich seines Vorgehens bewußt ist, war die Orientierungsberatung erfolgreich.

Die Bedeutungen aller Wörter und Symbole, die Auslöser sind, aus Knete zu modellieren, ist keine Aufgabe, die in ein paar Stunden bewältigt werden kann. Aber mit Fleiß und Beharrlichkeit kann sich jedes Kind durch die Symbole, die Verwirrung auslösen, durcharbeiten und sie alle beherrschen. Zu diesem Zeitpunkt kann man wirklich sagen, daß das Kind seine Legasthenie überwunden hat. Wenn es alle Auslöser beherrscht, kann es mit den Bedeutungen dieser Symbole denken und wird von ihnen nicht mehr verwirrt.

4. Therapiemöglichkeiten bei bestimmten Schwierigkeiten

Buchstabier-Lesen

Das Buchstabier-Lesen entwickelte Ronald Davis im Reading Research Council in den Vereinigten Staaten, um vor allem die Lesefertigkeit zu verbessern. Sie basiert auf Ronald Davis' Wissen, daß Legastheniker in besonderer Weise ihre Umwelt wahrnehmen und ein Gefühl von Sicherheit benötigen, um »funktionieren« zu können.

Bevor das Buchstabier-Lesen maximale Wirksamkeit entfaltet, sollte ein Kind gelernt haben, seine Orientierung zu kontrollieren, und möglichst alle Verwirrung in Hinblick auf die Buchstabensymbole des Alphabets beseitigt haben. Aber die Prinzipien, auf denen das Buchstabier-Lesen beruht, funktionieren auch dann, wenn diese Voraussetzungen nicht völlig erfüllt sind.

Prinzipien

Ein Legastheniker neigt dazu, mit seinen Sinnen und seinem Bewußtsein die gesamte Umgebung zu erfassen. Beim Lesen wird ein legasthenisches Kind ein geschriebeneWort in derselben Weise betrachten wie die Umgebung. Es erfaßt das ganze Wort auf einmal, anstatt links anzufangen und sich nach rechts zu bewegen.

Aufgrund dieser Art der Wahrnehmung wird der Legastheniker zu erraten suchen, welches Wort er gesehen hat, weil er es nicht auf eine Weise anschaut, die ihm hilft, es richtig zu erkennen. Wenn er anfängt zu raten, verschwindet jedes Gefühl von Sicherheit, und es wird für ihn sehr schwer, Vertrauen in seine Lesefähigkeit zu gewinnen.

Das Buchstabier-Lesen zielt darauf hin, das legasthenische Kind darin zu schulen, beim Lesen seine Augen von links nach rechts zu bewegen, Buchstabengruppen als Wörter zu erkennen und den Laut des ganzen Wortes mit dem Bild von der Buchstabengruppe, die das Wort ergibt, zusammenzubringen.

Verfahrensweisen

Im ersten Teil des Buchstabier-Lesens sitzt ein Elternteil oder ein Berater beim Kind, nimmt ein Buch und bedeckt den Text mit zwei Bogen Papier. Ein Blatt läßt immer nur eine Zeile aufgedeckt, und das andere nur einen Buchstaben von jedem Wort in dieser Zeile. Während das zweite Blatt von links nach rechts über die Seite geschoben wird, wird immer ein Buchstabe sichtbar, den das Kind laut lesen soll.

Durch die Bewegung quer über die Zeile werden die Augen des legasthenischen Kindes trainiert, ein Wort von links nach rechts anzuschauen. Die meisten von uns betrachten diese Vorgehensweise als selbstverständlich. Für ein legasthenisches Kind kann das eine neue Erfahrung sein, weil es gewohnt ist, ein Wort willkürlich aus jeder beliebigen Richtung anzusehen.

Mit diesem einfachen Verfahren kann einem Kind auch geholfen werden, die Form eines Wortes wiederzuerkennen – wie die Buchstaben von links nach rechts eine bestimmte Reihenfolge einnehmen. Der Berater oder der Elternteil spricht dem Kind außerdem ein bestimmtes Wort vor, damit es lernen kann, einen bestimmten Laut mit einer bestimmten Kette von Buchstaben zusammenzubringen und diese Kette von links nach rechts anzuschauen. Wenn das Kind besser darin wird, seine Augen von links nach rechts zu bewegen und zu erkennen, welche Laute mit welchem Wort einhergehen, können die Papierstücke beiseite gelegt werden. Das Kind darf dann die Wörter lesen, indem es mit einem Finger über die Textzeile gleitet und dabei jeweils ein Wort aufdeckt. Auch hier geht es weiterhin darum, die Links-Rechts-Bewegung der Augen und die Worterkennung zu trainieren.

Bis zu diesem Zeitpunkt wird von dem Kind nicht erwartet, daß es versteht, was es liest. Es ist lediglich eine Übung im korrekten Sehen, in der Worterkennung und in der Zuordnung des geschriebenen Wortes zu dem dazugehörigen Wortlaut. Mit einem zusätzlichen Verfahren, »Bild-am-Satzzeichen«, kann ihm geholfen werden, den Text zu verstehen. Dieses Verfahren macht Gebrauch von der Fähigkeit des Legasthenikers, in Bildern zu denken. Das Kind wird aufgefordert, sich ein Bild von jeder Phrase in einem Satz zu machen, wobei es sie mit Hilfe der Satzzeichen in natürliche Teile mit jeweils einem eigenen Bild einteilt.

»Feineinstellung« bei körperlicher Ungeschicklichkeit

Zur vollständigen Behebung dieser Symptome wird die Feineinstellung in das Davis-Programm einbezogen. Das Ziel dieser Methode besteht darin, einen Orientierungspunkt für das geistige Auge zu finden, so daß die Sinneswahrnehmungen in höchstem Maße präzise und konstant sind. Man könnte das Vorgehen mit einem altmodischen Radio vergleichen, an dessen Knopf man hin- und herdreht, bis man den besten Empfang erhält. Während sich das geistige Auge sachte um den Orientierungspunkt herumbewegt, wird mit Hilfe des Gleichgewichts- und des Bewegungssinns bestimmt, wann der optimale Punkt erreicht ist. Sobald dieser gefunden wird, kann er auf eine sehr einfache Weise überprüft werden. Das Kind wird aufgefordert, sein geistiges Auge an seinen optimalen Punkt zu bringen und sich dann auf ein Bein zu stellen. Gleichzeitig werden dem Kind zwei Bälle zugeworfen, die es mit den Händen fangen muß, ohne hinzufallen. Wenn ihm das gelingt, bedeutet dies, daß sein Gleichgewichtssinn, Zeitgefühl und Gesichtssinn präzise arbeiten und es Gebrauch von seinem optimalen Orientierungspunkt machen kann.

Für jedes Kind, das an Koordinationsproblemen leidet, ist es unmöglich, gleichzeitig zwei Bälle zu fangen und dabei auf einem Bein zu stehen. Mit Hilfe seines optimalen Orientierungspunktes wird jedes Kind, dessen Dyspraxie durch Desorientierung verursacht wird, mit ein wenig Übung, Beständigkeit und Zuversicht in der Lage sein, diese Aufgabe durchzuführen. Auf diese Weise erfährt ein Kind sehr direkt und eindrucksvoll, was für ein Unterschied es ist, wenn sich sein geistiges Auge am optimalen Orientierungspunkt befindet.

Die Feineinstellung wird gewöhnlich am dritten Tag des fünftägigen Davis-Programms zur Legastheniekorrektur eingeübt.

Behandlung bei Agraphie oder Dysgraphie (schlechte Handschrift)

Wie bereits früher erwähnt, kann eine schlechte Handschrift mehrere Ursachen haben. Wenn sie keine Reaktion auf eine Rechtschreibschwäche ist, ist sie gewöhnlich darauf zurückzuführen, daß das Kind vielfältige Bilder davon hat, wie die Buchstaben aussehen sollten; oder es hat Wahrnehmungsprobleme, wenn es bestimmte Formen oder Linien sieht, die für das Schreiben erforderlich sind. Mit speziellen Techniken kann einem Kind geholfen werden, sich in ein paar Stunden eine deutliche, lesbare Handschrift anzueignen.

Die gewöhnlichste Ursache für Schreibprobleme ist darin zu suchen, daß einem Kind so viele unterschiedliche Schreibweisen gezeigt wurden, daß es unzählige innere Bilder davon hat, wie die Buchstaben aussehen sollten. Beim Schreiben versucht es, alle diese verschiedenen Bilder gleichzeitig darzustellen, und es endet mit einem Wirrwarr von Linien und Buchstaben, die sich über die ganze Seite bewegen. Indem man dem Kind hilft, sich von all diesen einander überlagernden Bildern – und davon, wie Buchstaben aussehen sollten – zu lösen und sie durch ein einziges korrektes Bild zu ersetzen, kann es diesem Bild folgen, und seine Handschrift wird deutlich und lesbar.

Einige Kinder versuchen hinter einer schlechten Handschrift ihre Rechtschreibschwäche zu verbergen. Wenn sich die Rechtschreibung verbessert, wirkt sich das auch auf ihre Handschrift aus.

Eine andere Ursache rührt von der Tatsache her, daß einige Kinder infolge ihres Desorientiertseins nicht die Fähigkeit entwickelt haben, gewisse Formen oder Linien wahrzunehmen. Die notwendigen Nervenbahnen im Gehirn, die uns eine diagonale Linie erkennen lassen, werden bei einigen Kindern nicht aktiviert, wenn ihre Wahrnehmung oft durch Desorientierung verzerrt ist. Wenn ein Kind keine diagonalen Linien erkennt, kann es keine Buchstaben schreiben, die solche Linien enthalten. Im Zustand des Orientiertseins und mit Übung können diese Nervenbahnen geöffnet werden. Binnen weniger Tage und mit weiterer Anleitung kann das Kind diese Buchstaben richtig formen.

Symbolbeherrschung bei Grundbegriffen

Sobald ein Kind die Bedeutungen der Grundbegriffe wie Folge, Zeit, Reihenfolge, Ordnung und Unordnung beherrscht, wird es auch anfangen, mit der Bedeutung dieser Begriffe zu denken.

Die Beherrschung eines Begriffs erfolgt auf die gleiche Weise wie die Beherrschung eines verwirrenden Symbols. Die Kenntnis eines Begriffs wird dadurch erfahrbar gemacht, daß ein Knetemodell geformt wird, das die Bedeutung des jeweiligen Begriffs darstellt. Wenn ein legasthenisches Kind ein klares Bild von der Bedeutung eines Begriffs hat, kann es mit diesem Begriff denken. Um Grundbegriffe wie Zeit, Abfolge, Ordnung und Unordnung völlig zu beherrschen, muß ein Kind außerdem seine Desorientierung kontrollieren können. Indem es die Orientierung aufrechterhält, wird es – vielleicht zum allerersten Mal – einen gleichmäßigen und präzisen Eindruck von seiner Umgebung bekommen. Diese gleichmäßigen und präzisen Wahrnehmungen liefern die Grundlage, auf der Grundbegriffe allmählich verinnerlicht und wirklich beherrscht werden.

Behandlung ohne Medikamente bei Aufmerksamkeits-Defizit-Syndrom und Hyperaktivität

Im Kapitel über das konventionelle Modell (siehe Abschnitt »Therapiemöglichkeiten«, Seite 54–78) wurde bereits erwähnt, daß diese Zustände herkömmlicherweise mit starken Stimulanzien wie Ritalin behandelt werden, um Verhaltensauffälligkeiten abzuschwächen.

Weil legasthenische Kinder im desorientierten Zustand auf Medikamente völlig anders als normale Kinder reagieren, wirken diese Stimulanzien bei ihnen sedativ und werden genau aus diesem Grund verabreicht. Einige Forscher haben ernsthafte Zweifel an der Unschädlichkeit dieser Medikamente zum Ausdruck gebracht, besonders wenn sie über einen längeren Zeitraum verabreicht werden.

Abgesehen von der moralischen und ethischen Frage, ob man Kindern zur Änderung ihres Verhaltens Medikamente geben sollte, ist das Wichtigste, was man über das Aufmerksamkeits-Defizit-Syndrom mit oder ohne Hyperaktivität wissen sollte, daß die primären Symptome allesamt Symptome von Desorientierung und Verwirrung über einige

Grundbegriffe sind. Folglich können Sie mit Hilfe der gleichen Davis-Methoden, mit denen man auch andere Lernbehinderungen behandelt, völlig beseitigt werden. Es ist überhaupt nicht notwendig, diese Beschwerden medikamentös zu behandeln.

In bezug auf das Aufmerksamkeits-Defizit-Syndrom mit oder ohne Hyperaktivität schenken die meisten Leute den oft dramatischeren und störenderen sekundären Symptomen mehr Aufmerksamkeit. Wenn zu den Reaktionen eines legasthenischen Kindes auf die Frustration darüber, daß es infolge von Verwirrung und Desorientierung die einfachsten Aufgaben nicht ausführen kann, noch Hyperaktivität hinzukommt, kann das ein Kind zu verschiedenen Verhaltensweisen verleiten, die sowohl für es selbst als auch für seine Klassenkameraden, Lehrer und Eltern überaus störend sind.

Behandlung bei Phobien

Der Unterschied zwischen Phobien und Legasthenie liegt einfach in der Quelle der Desorientierung. Bei der Legasthenie ist die Quelle der Desorientierung *Verwirrung* – in bezug auf die Umgebung, die Identität von Dingen und die Zeit. Die Quelle der Desorientierung bei phobischen Symptomen ist *Angst*. Bei dem Versuch, die Ursache legasthenischer Symptome zu verstehen, sollte man unbedingt zwischen diesen beiden Quellen der Desorientierung unterscheiden. Wenn ein Kind zum Beispiel akute Symptome von Desorientierung und Verwirrung vor oder während Klassenarbeiten oder Prüfungen zeigt, kann die Quelle dieser Desorientierung die Angst davor sein, die Prüfung nicht zu bestehen; es muß an Verwirrung in bezug auf Symbole oder Wörter liegen.

Gleichgültig, ob die Desorientierung eines Kindes von Verwirrung oder Angst herrührt, bei der Behandlung geht es darum, das Kind zu lehren, seine Desorientierung zu kontrollieren, so daß es die Verwirrungen abschalten kann.

In der Behandlung ist es ein Unterschied, ob man lernt, wie man durch Angst verursachte Desorientierung oder durch Verwirrung verursachte Desorientierung kontrolliert. Der Grund dafür liegt darin, daß die Reaktion auf Angst gewöhnlich stärker und beunruhigender ist als die Reaktion auf Verwirrung. Im Training zur Orientierungskontrolle wird einem Kind gezeigt, wie es sich ständig aus der Desorientierung in die Orientierung bringen kann, wenn es einem desorientierenden Reiz ausgesetzt ist. Wenn diese Technik auf phobische Reaktionen angewendet wird, wird das Kind mit der Angst konfrontiert, welche die Ursache für die Desorientierung ist. Aus diesem Grund ist es unbedingt notwendig, daß das Orientierungstraining zur Überwindung einer Phobie nur von einem qualifizierten Davis-Berater durchgeführt wird.

5. Welche Werkzeuge werden mit nach Hause genommen?

Die Davis-Legasthenie-Beratung dauert in der Regel fünf aufeinanderfolgende Tage und wird generell nur als Einzelbehandlung angeboten. In diesen fünf Tagen wird dem Kind ein metaphorischer »Werkzeugkasten« gegeben, der es befähigt

- zu verstehen, was es braucht, um bei Bedarf seine Orientierung aufrechtzuerhalten oder wiederherzustellen
- zu erkennen, wann es desorientiert ist und welche Auslöser die Desorientierung verursacht
- zu verstehen, wie die Desorientierung die Wahrnehmung verändert und das Lernen viel schwerer macht
- mit Knete zu arbeiten, um Verwirrung in bezug auf Auslösewörter zu beseitigen
- sich zu entspannen und die Anspannung loszulassen, die davon herrührt, daß man sich übermäßig auf die Ausführung einer Aufgabe konzentriert
- das Energieniveau in seinem Körper zu kontrollieren, um es gegebenenfalls in Hinblick auf die jeweilige Tätigkeit anzupassen
- sich Sicherheit zu schaffen, die sein Selbstvertrauen erhöht
- Grundprinzipien zu haben, mit denen es denken und die es anwenden kann, um sein Leben und seine Aktivitäten zu strukturieren
- zu erfahren, daß Lernen und Entdecken Spaß machen und interessant sein können und daß es Begabungen hat, die es anwenden und mit anderen teilen kann
- ein neues Bild von dem zu gewinnen, was es bedeutet, Legastheniker zu sein

- Dinge auf eine Art und Weise zu tun, die besser und schneller funktioniert als die zwanghaften Verhaltensweisen, auf die es sich vorher verlassen hat.

Die Nachfolge-Beratung

Ein Kind, das die fünftägige Davis-Legasthenie-Beratung absolviert hat und mit seinem Kasten voller Werkzeuge wieder zu Hause ist, steht eigentlich erst am Anfang des Prozesses, der zur vollständigen Überwindung seiner Legasthenie führt. Es wird sich darin üben, seine neuerworbene Fähigkeit, sich bei der Arbeit mit Symbolen zu orientieren, anzuwenden, es wird die Vorteile des Orientiertseins entdecken und seine Orientierung in Situationen kontrollieren können, in denen es vorher vielleicht desorientiert und verwirrt wurde.

Die wirkliche Arbeit an der Überwindung der Legasthenie besteht jedoch darin, alle Verwirrung aus den Desorientierung auslösenden Wörtern zu beseitigen. Es gibt mehr als 200 Auslösewörter, die den meisten Legasthenikern Probleme bereiten. Durch die Technik der Symbolbeherrschung mit diesen Wörtern, die ihnen Bedeutungen in Form von dreidimensionalen Bildern, die aus Knete modelliert werden, hinzufügen, werden die Quellen der Verwirrung aus dem Weg geräumt. Diese Arbeit sollte immer auf angenehme und spielerische Weise durchgeführt werden. Die Wörter sind wie kleine Puzzles, und Sie sollten Ihrem Kind klar machen, daß es völlig in Ordnung ist, Fehler zu machen, und daß diese Fehler ein Teil des Lernprozesses sind. Wenn ein Kind konsequent mit vielleicht fünf Wörtern pro Woche arbeitet, kann es sie alle binnen eines Jahres beherrschen.

In dieser Phase spielt die elterliche Unterstützung eine entscheidende Rolle. Es erfordert Beharrlichkeit und Geduld, und auch wenn der Prozeß immer einfacher wird, wird es Zeiten geben, in denen die nachlassende Begeisterung eines Kindes wiederhergestellt werden muß.

Veränderungen

Erhöhtes Selbstvertrauen

Dieser Teil des Korrekturprozesses ist vielleicht der lohnendste für die Eltern, auch wenn er manchmal übersehen wird, weil besseren Zensuren oder Leseleistungen in der Schule zuviel Aufmerksamkeit geschenkt wird. Das erhöhte Selbstvertrauen eines Kindes rührt daher, daß es nun ein Bild von der Legasthenie hat, das ihm zu verstehen hilft, was vor sich geht, und das es ihm ermöglicht, etwas dagegen zu unternehmen.

Die alte Lösung aufgeben

Indem das Kind einfach die Werkzeuge benutzt, die es bekommen hat, wird es Lernmöglichkeiten finden, die besser als die bisherigen funktionieren.

In der Schule aufholen

Sämtliche Informationen, Kenntnisse und Fertigkeiten, die infolge der Lernbehinderung nicht erworben wurden, muß sich das Kind aneignen, sobald diese beseitigt ist. Nach dem Absolvieren einer Davis-Legasthenie-Beratung stellen Kinder oft fest, daß sie trotz ihrer Lernschwierigkeiten eigentlich viel in der Schule gelernt haben. Folglich nimmt es weniger Zeit in Anspruch, das Versäumte aufzuholen, als wenn der gesamte »verpaßte« Lehrstoff ganz von vorn gelernt werden müßte. Bemerkenswert ist außerdem, daß ein legasthenisches Kind, das jahrelang hart arbeiten mußte, nur um mit seinen Klassenkameraden Schritt zu halten, in der Lage ist, mit Riesenschritten voranzukommen, und sie oft in kürzerer Zeit einholt, als man erwarten würde, sobald die Lernhindernisse überwunden sind.

Die Symbolbeherrschung wird einem legasthenischen Kind helfen, schneller und gründlicher zu lernen. Dadurch, daß es Grundbegriffe in einem bestimmten Schulfach beherrschen kann, vermag es mit diesen Begriffen auch viel effektiver und kreativer zu denken. Der Vorgang ist recht einfach. Er ist damit verbunden, daß man sich zuerst ein klares

Bild von der Bedeutung eines Begriffes oder Gedankens macht, der beherrscht werden soll. Dieses Bild wird dann aus Knete modelliert, um eine reale Erfahrung von dem Begriff zu erhalten. Wenn das Kind eine Idee in einem dreidimensionalen Bild erscheinen läßt, gehört diese Idee dem Kind selbst. Sobald eine Idee oder Bedeutung beherrscht wird, wird das Kind sie niemals vergessen können.

Richtlinien für die Eltern

Die umfassendere Perspektive

Von dem Augenblick an, in dem Ihr Kind die Kontrolle über seine Desorientierungen hat, werden zwar alle möglichen Vorteile, Errungenschaften und Verbesserungen eintreten, aber erst die eigentliche Lösung aller Lernhindernisse ist das Ende seines Trainings. Weil dieser Prozeß gewisse Zeit dauert, ist es hilfreich, eine umfassendere Perspektive im Hinblick darauf zu haben, was erforderlich ist, um die Lernbehinderung zu überwinden. Dies ist ein sehr wichtiger Aspekt in Ihrem Beitrag zum Training. Sie müssen die Perspektive aufrechterhalten, denn das Kind wird sie leicht aus den Augen verlieren, falls es mit der Symbolbeherrschung nur langsam vorankommt.

Die folgenden einfachen Anregungen und Richtlinien haben sich für Eltern als hilfreich erwiesen, nachdem ihr Kind den weiter oben geschilderten Trainingsprozeß durchlaufen hat.

1. Erinnern Sie sich daran, daß das Training einer Davis-Legasthenie-Beratung nur als der Anfang eines umfassenden Vorgangs der Umstellung verstanden werden sollte.
2. Je besser Ihr Kind verstehen und spüren kann, daß es dafür verantwortlich ist, mit den Werkzeugen zu arbeiten, um so wahrscheinlicher werden sich weiterhin positive Resultate zeigen.
3. Wenn es den Anschein hat, daß es nur langsam damit vorankommt, das Rüstzeug zu benutzen und die verwirrenden Symbole zu beherrschen, suchen Sie nach Faktoren, die eventuell den Vorgang beeinträchtigen, wie zum Beispiel

- schulische Belastungen. Vielleicht wissen oder verstehen die Lehrer oder die Klassenkameraden des Kindes nicht, was es an Hilfe braucht, um seine Lernbehinderung zu überwinden. Trotzdem werden die Anforderungen und Belastungen vorhanden sein. Auch wenn es jetzt versteht, wie es vorzugehen hat, fühlt es sich vielleicht immer noch unsicher und nervös dabei, seine neuerworbenen Hilfsmittel einzusetzen. Vielleicht möchte es nicht einmal darüber reden, weil es befürchtet, für seltsam und anders gehalten zu werden.

- Das Kind vergißt, die Werkzeuge zu benutzen. Das passiert schnell in der Eile und im Durcheinander, wenn es wieder in der Schule ist und zu überleben versucht. Es erfordert Zeit und Übung, besonders bei jüngeren Kindern, bevor sie sich sicher fühlen, die Werkzeuge anzuwenden, und bevor sie von den Ergebnissen, die sie erzielen, überzeugt sind.
- Das Kind zeigt Widerstand gegen seinen »neuen Status der Unabhängigkeit«. Es weiß vielleicht, daß es jetzt aus eigener Kraft lernen kann, aber weil ihm immer Ihre Aufmerksamkeit oder die besondere Aufmerksamkeit von einem Privatlehrer zuteil wurde, befürchtet es, diese Aufmerksamkeit zu verlieren, sobald es in der Schule Erfolg hat und unabhängig wird.

4. Durch die Teilnahme an einer Davis-Legasthenie-Beratung werden sehr viele innere Prozesse in Gang gesetzt, die nicht immer auf der Oberfläche sichtbar sind. Im Leben Ihres Kindes tauchen plötzlich neue Gefühle, neue Wahrnehmungen und Vorgehensweisen auf. Eltern sollten unbedingt auf diese eingeleiteten Prozesse Rücksicht nehmen und jeden möglichen Druck vermeiden, um das Kind mit einer bestimmten Geschwindigkeit oder in eine bestimmte Richtung durch die Vorgänge der Umstellung hindurchzubringen.
5. Man weiß, daß durch die Teilnahme an der Davis-Legasthenie-Beratung eine grundlegende Bewußtseins- und Verständnisverschiebung stattfindet. Diese Verschiebung leitet Änderungen ein, die manchmal Monate oder sogar Jahre dauern, bis sich ihre Wirkungen voll und ganz zeigen. Es sind diese langsamen, eher subtilen und inneren Prozesse, aus denen eine wirkliche Entwicklung bei Ihrem Kind hervorgeht.
6. Wie bereits gesagt, ist es hilfreich, das Davis-Training als einen Prozeß zu verstehen, in dessen Verlauf Lernhindernisse aus dem Weg geräumt werden. Sobald diese Hindernisse nach und nach beseitigt

werden, kann Ihr Kind wachsen und natürliche Fähigkeiten und Begabungen entwickeln. Es gibt keine Möglichkeit, das Ergebnis dieser Entwicklung vorauszusagen.

7. Auch wenn die Last der Lernbehinderungen eines Kindes langsam weniger wird, kann eine andere Art von Belastung bedeuten, daß es trotzdem unfähig ist, sich voll und ganz zu entwickeln und sich auszudrücken. Die oft unausgesprochenen Erwartungen von Eltern und Gleichaltrigen sind eine genauso hemmende Kraft wie die zwanghaften alten Lösungen. Seien Sie sich über Ihre Erwartungen Ihrem Kind gegenüber im klaren und schaffen Sie bewußt eine Umgebung ohne Belastung oder Streß. Dies ist vielleicht eine der wichtigsten Formen der Unterstützung, die Sie Ihrem Kind während dieses Trainings angedeihen lassen können.
8. Sobald der Aspekt der Behinderung anfängt zu verschwinden, hat Ihr Kind die Möglichkeit, es selbst zu sein und sich auszudrücken. Eltern erklären oft aufgeregt, daß sie schließlich ihr wahres Kind zurückbekommen haben. Sie haben das Kind gefunden, von dem sie immer wußten, daß es existiert, das aber hinter dem Kampf mit einer Lernbehinderung verborgen war.
9. Es ist sehr wichtig, daß Sie spüren, die Unterstützung des Beraters zu haben, der Ihr Kind durch das Davis-Programm geführt hat. Diese Berater sind speziell ausgebildet und verstehen, was es von einem Kind und seinen Eltern erfordert, von diesen Werkzeugen umfassend Gebrauch zu machen. Jedes Kind hat eine eigene Art und Weise, diese Werkzeuge zu nehmen und anzuwenden, und es gibt viele verschiedene Szenarios dafür, wie der Prozeß der Umstellung verläuft.

Vergessen Sie nicht, von dem Wissen des Beraters Ihres Kindes Gebrauch zu machen, wenn Sie sich zu irgendeinem Zeitpunkt nicht darüber im klaren sind, wie Sie ihm am besten in den Wochen und Monaten nach dem anfänglichen Trainingsprogramm helfen können. Es ist sehr wichtig, dafür zu sorgen, daß der natürliche Schwung eines Kindes, die Lernhindernisse zu beseitigen, nicht durch eine einfache Frage über den Gebrauch der Werkzeuge gebremst wird. Das läßt sich natürlich ebenfalls auf die Lehrer und Privatlehrer anwenden, die Ihr Kind unterstützen und vielleicht wissen wollen, wie ihm am besten in einer bestimmten Phase in seiner Entwicklung zu helfen ist.

Wie können Sie Ihr Kind nach Abschluß eines Davis-Programms unterstützen?

1. Gratulieren Sie ihm oft für irgendeine Verbesserung, die es vorgenommen hat, wie klein oder unbedeutend sie Ihnen auch am Anfang erscheinen mag. Was ein Kind vielleicht als einen Durchbruch in seiner Umstellung versteht, kann von den Eltern unbemerkt bleiben, sofern diese lobende Haltung nicht immer eingenommen wird. Hüten Sie sich andererseits davor, unpassend begeistert zu sein – oberflächliches Lob ist für ein legasthenisches Kind verwirrend. Wenn Sie ein Kind für etwas loben, worüber es sich nicht besonders gut fühlt, verliert es einen Bezugspunkt, nach dem es sich beurteilen kann. Das kann den Prozeß, in dem es sich seiner eigenen Fähigkeiten sicher wird, verlangsamen.
2. Scheuen Sie sich nicht, Ihr Kind daran zu erinnern, die erlernten Werkzeuge und Techniken in der Schule und bei den Hausaufgaben anzuwenden. Erinnern Sie es an seine eigene Entscheidung und Verantwortung. Achten Sie darauf, diese Werkzeuge nicht als einen Weg zu benutzen, um Ihr Kind zu manipulieren, zu kontrollieren oder zu bedrohen.
3. Nehmen Sie Notiz von dem Augenblick, in dem ein Kind anfängt, zuviel von sich zu verlangen. Einige Kinder reagieren auf die schulischen Belastungen und Erwartungen mit Selbstüberforderung. Druck hindert ein Kind daran, die ihm vermittelten Werkzeuge effektiv anzuwenden. Wenn es glaubt, daß es ein Problem und eine zu große Belastung für seine Eltern darstellt, werden Schuldgefühle ebenfalls seine Fähigkeit, das im Davis-Training gelernte Wissen zu gebrauchen und zu praktizieren, beeinträchtigen.

Zukunftsaussichten

Legasthenie, so wie sie in Ronald Davis' Modell verstanden wird, kann von großer Bedeutung dafür sein, wie Sie die Zukunft Ihres legasthenischen Kindes sehen.

Legasthenie ist keine dauerhafte Behinderung, die Ihr Kind für den Rest seines Lebens einschränken muß. Ihr Kind hat jetzt die Chance, einen Kasten voller Werkzeuge zusammenzustellen, um damit zu arbeiten und seine Lernbeschränkungen und -hindernisse aus dem Weg zu räumen. Es ist weniger nötig, die Zukunft Ihres Kindes vorauszusagen oder zu kontrollieren, sobald es diese Werkzeuge in seinen Händen hat. Ihr Kind verfügt jetzt über alle Möglichkeiten, Selbstvertrauen und Unabhängigkeit zu entwickeln. Ihnen wird die Aufgabe zukommen, es in seinem Lernprozeß zu bestärken, so daß es seine besonderen Begabungen und Vorgehensweisen unbesorgt genießen kann.

Fazit

Die Begriffe und Aussagen in diesem Buch können von Ihnen und Ihrem Kind nur dadurch bewiesen und bestätigt werden, daß Sie sie in der eigenen Erfahrung überprüfen. Nehmen Sie das Legasthenie-Modell von Ronald Davis und finden Sie heraus, wie es mit Ihren Vorstellungen übereinstimmt. Wenn es nützlich ist und sich als sinnvoll erweist, sollten Sie auf jeden Fall weitermachen und es anwenden. Ronald Davis bietet diese Ideen jedem an, der sie ausprobieren möchte. Sie gehören Ihnen, sobald Sie anfangen, von ihnen Gebrauch zu machen.

Sie werden nie erfahren, ob Ihnen und Ihrem Kind mit diesen Ideen geholfen werden kann, wenn Sie sie nicht ausprobieren. Weil ich weiß, daß es vielen Legasthenikern gelungen ist, sich von der Last ihrer Lernbehinderungen zu befreien, kann ich Ihnen voller Zuversicht diese Ideen anbieten und Ihnen empfehlen, sie auszuprobieren.

Eine natürliche Befriedigung stellt sich immer ein, wenn wir dichter an die Wirklichkeit und die Wahrheit von etwas herankommen. Wenn wir in der Lage sind, besser zu verstehen, was in einem legasthenischen Kind vor sich geht, und wenn wir entsprechend reagieren, können beachtliche Veränderungen eintreten. Dann wird es sich allmählich zeigen, wer Ihr Kind wirklich ist.

Es ist meine Hoffnung, daß dieses Buch Ihnen und Ihrem Kind hilft, zusammen glücklich darüber zu sein, daß Sie die Wahrheit über die Legasthenie kennen.

Weiterführende Literatur

Davis, Ronald D., mit Eldon M. Braun: *Legasthenie als Talentsignal. Lernchance durch kreatives Lesen*. Kreuzlingen/München 1998.

Hartmann, Thom: *Eine andere Art, die Welt zu sehen. Das Aufmerksamkeits-Defizit-Syndrom*. Lübeck 1997.

West, Thomas: *In the Mind's Eye*. New York 1991.

Nützliche Adressen

Davis Dyslexia Association Deutschland
Conventstraße 14
D-22089 Hamburg
Tel.: 040 25 17 86 22
Fax: 040 25 17 86 24
E-mail: germany@dyslexia.com
Website: www.dyslexia.de

Davis Dyslexia Association Schweiz
DDA-CH
Freie Strasse 81
CH-4001 Basel
Tel.: +41 61 272 24 00
Fax: +41 61 272 42 41
E-mail: switzerland@dyslexia.com
Website: www.legasthenie.ch

Register

Danksagung

Ich möchte den folgenden Personen meinen Dank für ihre Hilfe und Unterstützung beim Verfassen dieses Buches aussprechen:

Grace Cheetham von Element Books Ltd. für ihre Unterstützung; Jane Clitheroe, meiner lieben Schwester, für ihre unermüdliche Hilfe beim Korrigieren und ihre häusliche Bewirtung; meinen Kollegen in der Davis Dyslexia Association: Ronald und Alice Davis; Sharon Pfeiffer und Abigail Marshall in der Davis Dyslexia Association International für ihr nützliches Feedback und ihren Rat; Lin Seward in England, Bonny Beuret in der Schweiz und Olga Zambrano in Mexiko für ihren Beitrag als Mütter von legasthenischen Kindern, ihre guten Tips für Eltern und ihren Enthusiasmus.

Und ich möchte mich bei all den vielen legasthenischen Kindern und Erwachsenen bedanken: für ihren Einfallsreichtum angesichts ihrer Schwierigkeiten und dafür, daß sie mir geholfen haben, ihre Legasthenie besser zu verstehen.